史记

史书系

名将篇

迁卓◎著

山西出版传媒集团　三晋出版社

图书在版编目（CIP）数据

极简史记.名将篇/迁卓著. -- 太原：三晋出版
社, 2024. 8. -- ISBN 978-7-5457-3052-4

Ⅰ. K820.2

中国国家版本馆 CIP 数据核字第 2024LU5161 号

极简史记·名将篇

著　　者：迁　卓
责任编辑：落馥香

出　版　者：山西出版传媒集团·三晋出版社
地　　　址：太原市建设南路 21 号
电　　　话：0351—4956036（总编室）
　　　　　　0351—4922203（印制部）
网　　　址：http://www.sjcbs.cn

经　销　者：新华书店
承　印　者：三河市同力彩印有限公司

开　　　本：787mm×1092mm　1/16
印　　　张：12
字　　　数：128 千字
版　　　次：2024 年 8 月第 1 版
印　　　次：2024 年 8 月第 1 次印刷
书　　　号：ISBN 978-7-5457-3052-4
定　　　价：68.00 元

如有印装质量问题，请与本社发行部联系　电话：0351—4922268

目录

第一章 将帅世家 薪火相传——孙武 孙膑

在动荡不安、战乱频仍的春秋战国时期，各国君主求贤若渴，有识之士层出不穷。在这混乱的年代里，齐国一位孙姓人家先后诞生了两位声名显赫的军事家与政治家：孙武凭借一部《孙子兵法》让自己的名字无人不知；孙膑依靠一计围魏救赵让自己的名字家喻户晓。

一　军令如山

孙武，字长卿，出生于春秋末期的齐国乐安。他从年轻的时候起就酷爱研究兵法，并撰写《孙子兵法》十三篇，是中国春秋时期著名的军事家、政治家，被尊称为兵圣或孙子，又称"兵家至圣"，被誉为"百世兵家之师""东方兵学的鼻祖"。

经好友吴国大夫伍子胥"七荐孙子"，渴望施展自己的军事才能的孙武来到吴国面见吴王阖（hé）闾。吴国在春秋战国时期是一个强国，吴王阖闾也是一位颇有雄才大略的君主，求贤若渴的他很快召见了孙武。

初次见面，吴王用试探性的口吻对孙武说："您撰写的兵书《孙子兵法》十三篇我都读了，不知您能否让我现场观摩一下您如何指挥士兵？"

有备而来的孙武泰然自若，一口答应下吴王的请求。

吴王从后宫中挑选出一百八十名美女，让孙武按照军令指挥她们，考验孙武是否有能力将这些平日里娇生惯养的宫女们训练成纪律严明的士兵。

指挥有方的孙武很快将她们分成两个小队，每个小队设一名队长，吴王的两位宠姬分别担任两个小队的队长。

随后，孙武开始耐心地讲解训练的内容，他让宫女们手持兵器，

吴宫教战

▲孙武吴宫教战（出自《马骀画宝》）

以击鼓为信号执行命令。当一切准备就绪，孙武命令士兵击鼓以后，宫女们不仅没有执行命令，还嘻嘻哈哈笑个不停，整支队伍混乱不堪。

孙武见到这种情形并没有生气，他向宫女们重申训练的内容。

当鼓声再次响起，整支队伍仍然和先前一样，宫女们的脸上依旧挂着嬉笑的表情，而两名队长表现得比其他人还要糟糕。

这时，孙武严肃地说道："如果是我讲解得不明白，那么过错由我来承担；如果我讲解得很清楚，而士兵却不遵照命令去执行，那么只好对违抗命令的士兵进行惩罚。"

话音未落，孙武便下令按照军纪把两名小队长斩首示众。

一直坐在阅兵台上观看军事训练的吴王此时如坐针毡，他连忙向孙武求情，希望孙武能网开一面，饶恕她们的罪过。

铁面无私的孙武面对吴王的请求不为所动，他说："将军在外领兵打仗，拥有自己的军事决断权，即使是君主的命令也不能动摇他的决定。"

吴王在求情无果之后只好忍痛割爱，将两位宠姬交给孙武处置。

随后，孙武下令将两名队长处决示众。其余的宫女见此情景不寒而栗，孙武重新选出两名队长，带领大家继续训练。宫女们在领教到孙武执行军纪的严肃与无情之后，吓得连大气都不敢出，所有人都按照命令完成训练内容。

一番训练下来，宫女们已经掌握了基本的军事要领，这时，孙武对吴王说："队伍现在严肃整齐，已经完全听从您的命令。"

此刻，吴王仍沉浸在宠姬被杀的悲伤和不满之中，他对孙武说：

"今天训练到此为止，请将军回去休息吧。"

吴王的满脸不悦并未阻止孙武的谏言，孙武说："大王只欣赏我的兵书，却不愿我付诸实践。如果想成为霸主，那就必须建立一支纪律严明、能征善战的军队，和夺取天下相比，牺牲两位宠姬又算得了什么呢？"

孙武的一席话让吴王羞惭不已。通过这件事情，吴王认可了孙武统率士兵的能力，没过多久，便请他出任吴国的大将。

而孙武也用一次次的军事胜利来回报吴王对自己的信任。

阖闾三年（前512年），吴王携同伍子胥、伯嚭（pǐ）出征讨伐楚国。经过一系列的战斗，楚国军队溃不成军，吴王想一鼓作气拿下楚国国都郢（yǐng）都。孙武劝阻吴王："士兵们经过长期征战，已经很疲惫，需要休养生息，等待时机。"吴王采纳了孙武的建议，决定班师回朝。

六年以后，吴王打算再次讨伐楚国，在出发前他想听听大臣们的意见。孙武说："如果您想攻占郢都，必须联合唐国和蔡国，楚军大将囊瓦贪婪成性，唐国和蔡国非常痛恨他。"吴王接受了孙武的建议，派人联络唐国和蔡国，约定同时出兵讨伐楚国。战争的进程和孙武预判的丝毫不差，楚国在三国联军的攻打下毫无招架之力，吴国军队大获全胜，顺利地占领了郢都，迫使楚昭王逃亡郧（yún）县。

吴王能够在群雄逐鹿的年代里成为雄踞一方的霸主，很大程度上要归功于孙武的出谋划策和鼎力相助。

▲孙武雕像

二　飞来横祸

在孙武去世之后一百多年，另一位喜好兵法的孙家后人孙膑出现。他早年拜著名的军事家鬼谷子为师，学习兵法，很快就展露出过人的军事才能。在众多徒弟里，鬼谷子对孙膑和庞涓寄予厚望，但孙膑在各方面的表现都比庞涓更胜一筹。

很快，心胸狭隘的庞涓开始嫉妒孙膑，进而心生怨恨。在拜师学艺的生涯结束之后，庞涓投奔魏惠王，在魏国担任将军。恶毒阴险的庞涓担心孙膑日后可能成为自己的劲敌，于是，他想到了一个令人不齿的阴谋。

他写信给孙膑，谎称自己在魏惠王面前竭力举荐孙膑，希望孙膑来魏国国都大梁和自己一起共谋大事。

孙膑对即将来临的灾难浑然不知，他应庞涓的邀请欣然前往魏国。等他一到魏国，庞涓便派人将他监禁起来，然后胡乱编织罪名，命人残忍地挖去他的膝盖骨，使他终身残疾，无法为君主效力。歹毒的庞涓为让孙膑永无出头之日，还命人在他的脸上刻字，以示羞辱。

身遭酷刑的孙膑这下算是明白了庞涓的险恶用心，他隐约觉察出庞涓很有可能对自己再次下毒手，因此选择装疯卖傻以求保全性命。可怜的孙膑睡在猪圈里，浑身沾满屎尿，饮食的粗劣程度和狗食相差无几。孙膑在内心深处坚定活下去的信念，以期有朝一日报仇雪恨。

时间久了，连庞涓也深信孙膑彻底疯掉了。就在孙膑命悬一线之际，出使魏国的齐国使者救了他。孙膑听说有齐国使者来到大梁，便暗中和使者相会，谎称自己是个身受刑罚的罪犯，希望得到使者的协助逃出魏国。齐国使者发现孙膑具有极高的军事才能，便答应了他的请求，把他藏在马车里，悄悄带回齐国。

▲孙膑像

就这样，孙膑死里逃生，捡回了一条性命。

三　田忌赛马

孙膑死里逃生来到齐国以后，准备在齐国大展宏图，他凭借良好的品行赢得齐国王公贵族们的认可。其中，齐国大将田忌是他最要好的朋友。

在战国时期，各国的王公贵族闲暇时喜欢以赛马赌钱的方式来消遣，田忌也非常热衷于此项活动，但是他有一个苦恼埋藏于心，那就是自己的马和其他贵族的马表现平分秋色，因此每次比赛他都很难赢得丰厚的赌注。

有一次，田忌邀请孙膑一起去赛马场观看比赛，孙膑和田忌一同乘坐马车前往。田忌在赛马场向孙膑倾吐自己的苦恼，孙膑听完以后不露声色，向田忌询问有关赛马的详细规则。

田忌回答说："所有参赛人员都要根据马匹的质量从自己的马中挑选出三匹马，分成上中下三等比赛，在比赛过程中三匹赛马的出场顺序由主人自行决定，比赛一共三局，获胜两局的人就能赢得赌注。"

足智多谋的孙膑听完田忌的讲解之后，立刻想出一条妙计，他对田忌说："一会儿比赛，您只要按照我说的去做，无论您下多大的赌注，我保证您稳赢不赔。"

对孙膑信任有加的田忌在比赛中一掷千金，下了个很大的赌注。

临近比赛开始，胸有成竹的孙膑才把妙计向田忌和盘托出："既然赛马的出场顺序由您自己决定，那么您在第一局比赛中先用下等马迎战对手的上等马，然后第二局再用上等马对付对手的中等马，在最后一局用中等马挑战对手的下等马，这样下来您一定是三局两胜，赌注就是您的了。"

果然不出孙膑所料，三局比赛战罢，田忌两胜一负，顺利地将千金赌注收入囊中。田忌因这件事情对孙膑尊崇有加，他向齐威王大力举荐孙膑。谈吐不凡的孙膑立刻赢得了齐威王的器重，被任命为齐国的军师。

从此，孙膑在齐国提供的舞台上尽情地展示着自己的军事才能。

四　报仇雪恨

几年之后，孙膑和庞涓这对冤家再次相遇，而魏国出兵侵略赵国为孙膑提供了复仇的机会。

前354年，赵国进攻魏国的盟国卫国，强大的魏国选择支援盟国，于是在庞涓的率领下包围了赵国的首都邯郸，势单力薄的赵国在魏国的攻击下形势岌岌可危，只好向齐、楚两国求援，齐威王打算派孙膑统率军队援助赵国。

孙膑推辞道："我是一个遭受刑罚的残疾人，实在不适合做统帅。"

最后，齐威王让田忌出任将军，孙膑担任军师。在战场上，行动不便的孙膑坐在马车里替田忌出谋划策。一开始，田忌计划引兵长驱直入奔赴赵国，解除魏国的封锁，但被孙膑制止："拆解一团乱丝的最好办法是心平气和，劝阻别人打架的最好办法是从旁劝解。如果我们避实就虚，那么问题很容易解决，现在大部分魏国军队都集中在赵国，而国内兵力空虚，如果您率军直扑魏国首都大梁，魏军一定回撤救援，到时候您在魏军的必经之路上设伏，终会大获全胜。"

田忌觉得孙膑言之有理，于是采纳了孙膑的计策，一边率领士兵进攻大梁，一边在桂陵设下埋伏，把急忙赶回大梁增援的魏军打得溃不成军，巧妙地化解了赵国的危机，后人把桂陵之战中孙膑的这一计策称为"围魏救赵"。

前341年，魏国发兵攻打韩国，韩国抵挡不住，向齐国求救，齐威王再次让田忌和孙膑组成搭档，出兵援助韩国。这次，孙膑和田忌所采取的计策和上次相同，齐国军队在他们的带领下直奔大梁，准备深入魏国腹地，诱使魏军回救，以解韩国之困。庞涓得到消息后心急如焚，急忙领兵回援。

足智多谋的孙膑心生一计，决定使用减灶法来迷惑魏军，他对田忌说："魏国人一向以勇猛自居，总认为齐国人贪生怕死，既然如此我们就用障眼法来迷惑魏军，我们第一天在军营设置十万人做饭用的炉灶，第二天缩减到五万，第三天压缩到三万，狂妄自大的魏军一定认为齐国士兵胆小如鼠，进而放松警惕。"

孙膑一边吩咐士兵用减灶法迷惑敌人，一边布置一万多名弓箭手在马陵设下埋伏。马陵地势险要，两山之间仅有一条狭窄的道路勉强可以通行，孙膑推测魏军在天黑时分经过马陵，便打算在这里射杀庞涓。他让士兵把路边一棵大树的树皮削掉，在树干刻上"庞涓死于此树之下"这几个大字，同时命令弓箭手只要看见有人手持火把就一齐放箭。

不出孙膑所料，飞扬跋扈的庞涓果然中计，他在嘲讽齐国士兵的同时，仅率领一支轻骑兵追击孙膑。当晚，庞涓率兵追击至马陵，他隐约瞧见路旁一棵树干泛着白光，于是就让士兵手持火把前去察看。

当他辨识出刻在树干上的字迹的那一刻，便猛然意识到自己中了孙膑的计谋。

一时间，齐国弓箭手从两旁的山顶上万箭齐发，魏兵死伤无数，庞涓带领残部左冲右突，无法摆脱包围，他在绝望中拔剑自杀。

孙膑报仇雪恨之后乘胜追击，一举俘虏魏国太子申，马陵之战大获全胜。

孙膑依靠"围魏救赵"的妙计不仅解除了盟国灭亡的危机，还为自己一雪前耻除掉了仇人庞涓。他的军事才能让人啧啧称奇，他撰写的《孙膑兵法》也为世人广为传诵。

马陵伏弩

▲孙膑马陵伏弩（出自《马骀画宝》）

原典精选

　　其后魏伐赵，赵急，请救于齐。齐威王欲将孙膑，膑辞谢曰："刑余之人不可。"于是乃以田忌为将，而孙子为师^①，居辎车^②中，坐为计谋。田忌欲引兵之赵，孙子曰："夫解杂乱纷纠^③者不控卷^④，救斗^⑤者不搏撠^⑥，批亢捣虚^⑦，形格势禁^⑧，则自为解耳。今梁赵相攻，轻兵锐卒必竭于外，老弱罢于内。君不若引兵疾走大梁，据其街路^⑨，冲其方虚^⑩，彼必释赵而自救。是我一举解赵之围而收弊^⑪于魏也。"田忌从之，魏果去邯郸，与齐战于桂陵，大破梁军。

——《史记·孙子吴起列传》

注释

①孙子为师：孙膑担任军师。

②辎（zī）车：带篷盖的车。

③杂乱纷纠：意指像乱丝乱麻之类的东西。

④控卷：用拳头相互击打。卷：同"拳"。

⑤救斗：拉架。

⑥搏撠（jǐ）：用手打人。

⑦批亢捣虚：意指避实就虚。

⑧形格势禁：意指形势转变。

⑨街路：交通要道。

⑩方虚：恰好空虚的地方。

⑪收弊：征服疲惫的敌人。

译文

后来魏国出兵征讨赵国，赵国形势危急，派人向齐国求救。齐威王想让孙膑担任将军，孙膑推辞说："遭受过刑罚的残疾人不能够担任将军。"于是齐威王才让田忌担任将军，而让孙膑担任军师，乘坐在带有篷盖的马车中，坐着为田忌出谋划策。田忌打算带领士兵直接救助赵国，孙膑说："拆解乱丝乱麻之类的东西不必用手胡乱地掰扯，拉架的人不会直接用拳头将人分开，如果避实就虚的话，形势就会转变，那么所有的难题将迎刃而解。现在魏国和赵国激战正酣，魏国的精兵良将一定全部在国外，只剩老弱的士兵留在国内。您不如领兵直接进攻大梁，占据魏国的交通要道，攻击其兵力空虚的地方，魏军必定离开赵国而回国自救。这样的话我们就可以解除赵国的围困，征服魏国疲惫的军队。"田忌听从孙膑的建议，魏军果然离开邯郸，和齐军在桂陵决战，齐军大胜魏军。

知识拓展

如坐针毡：意指像坐在插着尖针的毡子上，形容心神不宁，坐立不安。

例句：老师的严厉批评让他如坐针毡。

危如累卵：意指形势非常危险，像堆起来的鸡蛋，随时都有倒塌打碎的可能。

例句：今日形势危如累卵，如果大家团结一心，还有一线生机。

《孙子兵法》

《孙子兵法》，又被称为《孙武兵法》《孙武兵书》等，是中国现存最早的兵书，也是世界军事史上最早的军事著作。该书受到后人的强烈推崇，享有"兵学圣典"的美誉。全书6000字左右，共计13篇，分别为《始计篇》《作战篇》《谋攻篇》《军形篇》《兵势篇》《虚实篇》《军争篇》《九变篇》《行军篇》《地形篇》《九地篇》《火攻篇》《用间篇》。

《孙子兵法》总结了春秋末期及其以前的一些战争的经验，揭示了战争的一些规律。同时，书中的一些典故或哲理对战争、政治、商业、生活等均有启发和借鉴作用。

　　《孙子兵法》现存最早的版本为 1972 年山东银雀出土的汉墓竹简《孙子兵法》，但是是残本。现存最早的刻本为南宋孝宗、光宗年间的《十一家注孙子》本。

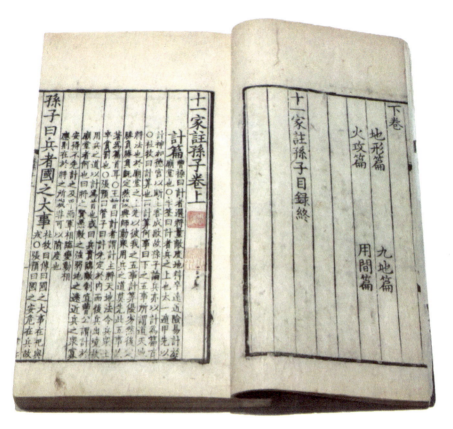

▲宋刻本《十一家注孙子》

第二章 追逐功名 胆略过人——吴起

吴起的人生道路上充满坎坷与转折，他为追求功名，不惜杀妻求将，三易其主。他雄才大略，军事才能无人能及，一时间风光无限，迈向人生巅峰。然而显赫的功名没能抵挡住他黯淡而悲惨的人生结局。或许在人生的起步阶段，吴起的错误选择便为日后的悲剧埋下了伏笔。

一 杀妻求将

吴起原本是卫国人，战国时期的军事家、改革家和政治家，著有《吴子兵法》。他自年轻时起就喜欢研究兵法，后来他随曾子一起外出求学，经过一番刻苦学习后并没有回到自己的故乡，而是选择投奔鲁国。

吴起来到鲁国以后没多久，上天就赐予他一个崭露头角的机会。虽然这个机会的代价非常高昂，但是吴起丝毫没有犹豫，毅然抓住这次机会出人头地。

当时，鲁国正遭受齐国的入侵，鲁国是个势单力孤的小国，在强大的齐国面前节节败退，心急如焚的鲁君想让吴起担任将军。但是有人提醒鲁君，吴起的妻子恰好是齐国人，如果让吴起统领军队，很难保证他死心塌地地为鲁国效命。

这番说辞顿时让鲁君陷入沉思，就在鲁君犹豫不决之时，听说此事的吴起竟然用杀掉妻子的极端方式向鲁君表明自己的忠心，最终他得到鲁君的信任，如愿以偿成为鲁国将军，率领军队打败齐军，成功收复失地。

但吴起没有料到，伴随着功名利禄而来的并不是长久的荣华富贵，而是来自他人的忌恨和谣言。

有人在鲁君面前诽谤吴起，说吴起年轻时家境富裕，但由于一心

▲吴起像（清人绘）

追逐功名利禄而结交权贵，家里的财产很快挥霍一空，花了这么多钱却未能谋得一官半职，遭到了乡人的嘲笑。这让吴起彻底丧失了理智，为了报复，他竟然一连杀死了诽谤他的三十多人。逃走之前，他曾当着母亲的面发下狠誓："如果没有做成大官，我一辈子决不回到卫国！"吴起之后去了曾参门下学习儒术。没过多久，吴起的母亲不幸去世，铁石心肠的吴起竟然无动于衷，没有回家为母亲奔丧守孝。因为这件事情，曾子和他断绝往来。

谣言渐起，鲁君也开始摇摆，而且国力单薄的鲁国在战场上取得的军事胜利引起了其他国家的警觉。同时，鲁国和卫国是友好国家，鲁君重用吴起招致了卫国的不满，鲁君为避免不必要的麻烦，于是便找个理由辞退了吴起。

二　爱兵如子

心有不甘的吴起收拾好行囊，离开鲁国投奔魏国。在魏国，初来乍到的吴起再次觅得扬名立万的良机，而为他创造机会的是魏国著名的改革家李克。

当时，执掌魏国国政的是魏文侯，他是一位贤明的君主，当初吴起正是看重魏文侯的这个优点，才选择投奔魏国。

对吴起不甚了解的魏文侯询问大臣李克。李克其人，原名李悝（kuī），魏国名臣，著名的改革家。他在魏文侯时期任国相，在他的指导下，魏国一跃成为战国初期的强国之一，历史上用"李悝变法"来统称他的改革功绩。

魏文侯问："吴起这个人怎么样？"

李克回答说："虽然吴起这个人的缺点是喜好功名和贪恋女色，但是要论军事才能，连司马穰（ráng）苴（jū）也略逊一筹。"

魏文侯听了这番话，立刻封吴起为将军，而吴起也没有让魏文侯失望，在他的指挥下，魏国军队出兵攻打秦国，先后占领秦国五座城池。

而李克所说的这个司马穰苴说起来可不简单。司马穰苴原名田穰苴，是齐国贵族田完的后裔。齐景公时期，晋国和燕国出兵侵略齐国，齐国军队抵挡不住，屡战屡败。正当齐景公一筹莫展之际，大臣晏婴举荐田穰苴，并对齐景公说："田穰苴是齐国贵族的后裔，他文武双全，您可以让他领兵抗敌。"

晏婴的一席话起到了效果，齐景公召见田穰苴，经过简单的交谈，齐景公觉得他很有才能，于是封他为将军，统领军队抵抗入侵的敌军。

田穰苴对齐景公说："我出身卑贱，担心大家在战场上不听从我的命令，我请求您派遣一位亲信大臣做我的助手。"

齐景公答应了他的请求，派庄贾在田穰苴的军队里担任监军。

田穰苴和庄贾约定，第二天正午时分在军营门口见面。

庄贾是齐景公身边的心腹大臣，他倚仗齐景公对自己的宠爱，平日里飞扬跋扈（hù），目中无人。庄贾这次也不例外，在动身前往军营的前一晚，亲朋好友为他大办宴席，喝得酩酊大醉，早已把和田穰苴的约定抛到了九霄云外。

第二天，田穰苴在军营门口一直等到正午时分仍不见庄贾的踪影，万般无奈之下，他只好放弃等待，亲自带领士兵训练并颁布军纪。直到傍晚时分，庄贾的身影才出现在军营门口，田穰苴问道："你因为什么事情迟到？"

没想到，庄贾不仅没有愧意，反而还振振有词地回答："我受亲朋好友的邀请参加宴席，所以迟到了。"

田穰苴继续说道："你身为将军，在接受君主的任命率军出征的那一刻起，就应该忘掉家中的琐事，忘掉自己的亲人，忘掉自己的安危。现在形势危急，国家的存亡寄托在我们的身上，你还有什么心情参加宴席呢？"

随后，田穰苴询问身边执掌军纪的军官："迟到的人按照军法该如何惩罚？"

军官答道："应当斩首。"

庄贾听后魂飞魄散，连忙让人进宫向齐景公求救，齐景公连忙派使者前往军营，让田穰苴赦免庄贾的死罪。

使者奉命乘坐马车闯进军营营救庄贾，可还是来迟一步，庄贾早已被田穰苴按军纪斩首示众。

面对使者的责问，田穰苴说："领兵出征在外的将军可以不听从君主的命令。"

紧接着他又询问身边掌管军纪的军官："在军营里驾车横冲直撞，按照军法该如何惩罚？"

军官答道："应当斩首。"

使者听完这番话之后吓得瑟瑟发抖，顷刻间面如土色。

田穰苴说道："君主的使者可以免死，那就杀掉车夫和车子左边的一匹马，并砍掉车子左边的一根立木，以示惩戒。"

处理完这一切之后，田穰苴让使者回去把事情的经过禀告君主，而自己率领军队向前线进发。

在前线，田穰苴和士兵们同甘共苦，对士兵爱护有加，赢得士兵的拥护与尊重，大家纷纷表示愿意和敌人决一死战。齐国军队的昂扬斗志令晋国军队和燕国军队闻风丧胆，还没交手，晋、燕两国的军队便主动后退。田穰苴抓住战机，率军收复全部失地，大获全胜之后班师回朝。

获悉胜利的消息，齐景公亲自率领大臣在京城外迎接田穰苴，为表彰他的功绩，册封他为齐国大司马。

吴起和司马穰苴有一个相似之处，那就是平日里和士兵们同甘共苦，他和最底层的士兵同食同衣，行军时从不乘坐马车，甚至有的士兵身患痈（yōng）疮，吴起亲自为其吮吸脓液。

吴起的出色表现赢得了魏文侯的赏识，他被任命为西河地区的军事长官，主要的任务是率领军队提防秦、韩两国的入侵。

魏文侯去世以后，魏武侯继承王位，吴起继续得以重用。有一次，吴起和魏武侯乘船沿黄河而下，魏武侯见沿途景色有感而发："这些险要的地势就是我们魏国的珍宝。"

吴起回答说："国家的强盛不在于地势的险要，而取决于实施德政。以前的三苗氏拥有险要的地势，由于实行暴政，最后被大禹消灭。夏朝的桀依据险要的地势修建国都，因为他喜好残暴的统治，结果被商汤打败。商朝的纣王也是凭借天险修建都城，残酷的统治让他无法摆脱被周武王杀死的命运。"

魏武侯听了吴起的一番话之后，明白了这样一个道理：如果不施行德政，任何人都可能变成自己的敌人，险要的地势不是保障国家长治久安的关键因素。

疽病卒吮

▲吴起吮卒病疽（出自《马骀画宝》）

三 惨淡结局

在通往权力的道路上，野心勃勃的吴起并没有满足于当前的荣华富贵和显赫地位。渴望拥有无上权力的他对贵族田文（即孟尝君）出任国相非常不满，他曾质问田文："统帅军队，管理官员，安抚百姓，充实国库，保卫边境，在这些方面咱俩谁更厉害？"

田文回答："在这些方面我确实比不上您。"

吴起不依不饶："既然您承认在这些方面不如我，那您凭什么能当上国相？"

田文说："当君主年少无知，国内政局不稳，百姓和大臣们人心惶惶的时候，全国上下是觉得我更值得信任，还是觉得手握重兵的您更值得信任呢？"

田文的回答让吴起恍然大悟，他从此打消掉和田文争权的念头。

田文去世以后，对吴起心怀怨恨、一直想排挤掉吴起的公叔接替宰相职位。

公叔身边的一位仆从向他提议："吴起非常注重自己的名声，您可以对国君说，吴起是一个志向远大的人，而我们的近邻秦国非常强大，吴起很有可能将来投奔秦国。如果国君向您询问对策，您可以向国君提议用公主招亲的方法检验吴起的忠心。然后您请吴起到家中做客，您设法激怒公主，使她对您发脾气，吴起见到这番情景一定认为魏国公主向来高傲自大，目中无人，他一定会拒绝招亲，这样一来国君就会怀疑吴起，而吴起离开魏国的日子也就不远了。"

果然，吴起见公主轻视公叔，便在心里对公主产生厌恶之情，进而谢绝魏武侯的招亲。

正如仆从所预言的那样，魏武侯逐渐对吴起产生疑心，聪明的吴起怕久居魏国会招来杀身之祸，于是离开魏国奔赴楚国。

楚悼王非常赏识吴起的才干，他让吴起出任国相。吴起在楚国大展宏图，他制定法律、精兵简政、废除特权、加强军事，这些有效的举措让楚国实力倍增，因而顺利地平定百越、兼并陈蔡、击败韩魏、出兵伐秦，无数次的军事胜利让其他国家对楚国产生了畏惧。

但是吴起的改革损害了许多楚国贵族的利益，他们因此非常痛恨吴起。当楚悼王逝世之后，这些贵族伺机报复，追杀吴起。

吴起为保全自己的性命，趴在楚悼王的遗体旁，丧失理智的贵族们毅然用弓箭射杀了吴起，连楚悼王的遗体也中了不少箭。

或许吴起临死也没想到，虽然自己胸怀大略，但是他盲目而又狂热地追名逐利进而不惜牺牲掉自己亲人的行为，不仅伤害到身边的亲人，也最终害死了自己，而他的这种错误行为和思想也是饱受世人诟病的原因之一。

原典精选

　　起之为将，与士卒最下者同衣食。卧①不设席②，行不骑乘③，亲裹赢④粮，与士卒分劳苦。卒有病疽⑤者，起为吮⑥之。卒母闻而哭之。人曰："子卒也，而将军自吮其痈，何哭为？"母曰："非然也。往年吴公吮其父，其父战不旋踵⑦，遂死于敌。吴公今又吮其子，妾不知其死所矣。是以哭之。"

——《史记·孙子吴起列传》

注释

　　①卧：躺下睡觉。

　　②席：指被褥之类的东西。

　　③骑乘：骑马乘车。

　　④赢：背负。

　　⑤疽（jū）：痈疮。

　　⑥吮：用嘴吸。

　　⑦不旋踵（zhǒng）：不转身，意指勇往直前。踵：脚后跟。

译文

　　吴起担任将军的时候，和最底层的士兵吃相同的饭菜，穿相同的衣服。他睡觉的时候不铺设被褥之类的东西，行军的时候不骑马坐车，亲自背负粮食，和士兵们一起分担劳苦。士兵中有患痈疮的人，吴起亲自用嘴吸吮痈疮中的脓液。士卒的母亲听到这样的消息以后放声大哭。人们对她说："你的儿子只不过是个士兵，却得到将军亲自吮吸痈疮脓液的待遇，你为什么哭呢？"士兵的母亲说："事情不是你想的那样。以前吴将军为我儿子的父亲吸过脓液，他因此在战场上奋勇直前，于是战死沙场。吴将军现在又为我的儿子吮吸脓液，我担心的是将来不知道儿子会战死在哪里，所以才放声大哭。"

知识拓展

利令智昏：意指因贪图利益而丧失理智，不顾一切。

例句：贪婪的企业家在丰厚的利益面前利令智昏，公然将有毒的工业废水直接排进河里。

飞扬跋扈：意指举止放荡高傲，常用来形容放纵骄横，目中无人。

例句：他在父母的溺爱下，不知不觉间养成了飞扬跋扈的坏毛病。

第三章 中流砥柱 棋逢对手——乐毅 田单

乐毅和田单是战国后期燕国和齐国的风云人物，二人各为其主，在战场上展示着自己的军事才能。田单善用反间计，他的反间计曾迫使乐毅离开燕国，前往赵国避难。而乐毅善于分析形势，在合适的时机联合其他国家一同击败齐国。他们二人在历史的长河中共同谱写了一段颇具传奇色彩的篇章。

一　三易其主

在魏文侯时期，乐毅的祖先乐羊在魏国担任将军，他带兵讨伐中山国立下战功，后来魏文侯把灵寿县赏赐给乐羊做封地。乐羊死后，他的后代继续居住在灵寿县，过了很长一段时间，乐家诞生了一个名叫乐毅的后人。

乐毅，字永霸，中山灵寿人，战国时期的军事家、政治家。他在年轻时候就喜好兵法，并且很有才能，一开始他在赵国做官，后来赵武灵王因为沙丘宫事变而活活被饿死以后，乐毅就离开赵国投奔魏国。

在魏国，乐毅听说即位不久的燕昭王因燕国曾经被齐国打败而一直耿耿于怀，始终没有放弃报仇雪恨的念头。然而燕国国土狭小，实力弱小，根本没有办法和强大的齐国相抗衡，因此燕昭王复仇的心愿终究没能实现。乐毅还听说燕昭王宽厚待人、重用人才，所以萌生了前往燕国的想法。

不久，乐毅以魏国使者的身份来到燕国，而燕昭王也确实如同人们所说的那样，用迎接贵宾的礼节欢迎乐毅的到来。燕昭王的举动深深打动了乐毅，他向燕昭王承诺自己愿意留在燕国效力。燕昭王在高兴之余立刻封乐毅为亚卿。

当时，齐国在齐湣（mǐn）王的统治下国力空前强盛，曾接连击败楚国、赵国、魏国、秦国、宋国和中山国，齐湣王甚至敢和称霸一方的秦昭王分庭抗礼，各个诸侯国一度纷纷背离秦国而归顺齐国，寻求齐国的保护。但是齐湣王狂妄自大、性情残暴，在国内用高压的手段控制百姓，因此齐国的百姓对他颇有微词。

这时，燕昭王萌生了讨伐齐国的想法，他问乐毅："现在齐国百姓生活在水深火热之中，民众怨声载道，人心浮动。如果趁此机会讨伐齐国怎么样呢？"

乐毅回答说："如果仅依靠燕国的实力是无法与幅员辽阔的齐国一决雌雄的，唯一的办法是联合赵国、魏国、楚国一齐出兵攻打齐国。"

燕昭王接受了乐毅的建议，于是他让乐毅去联络赵惠文王，同时派出使者分别前往楚国和魏国，商量讨伐齐国的事宜。

当时，所有国家都对齐湣王的骄奢残暴非常痛恨，当他们听燕国使者说燕昭王邀请他们共同讨伐齐国的时候，这些国家的君主不假思索地答应了。当乐毅返回燕国向燕昭王汇报结盟的情况后，燕昭王马上调动全国的军队，并任命乐毅为上将军。除此以外，赵惠文王还把赵国的相印交到乐毅的手里。然后乐毅统领着赵国、楚国、韩国、魏国、燕国的军队去攻打齐国，最终在济水（今山东济南西北）的西面打败了齐国的军队。

随后，其余诸侯国的军队都撤兵回国，只剩下乐毅带领燕军继续追赶齐军。燕军一鼓作气打到齐国国都临菑（zī）城下。齐湣王在济水的西面战败之后，率领手下人马逃到莒（jǔ）城坚守不出。乐毅继续指挥燕军攻打那些还没有被攻陷的齐国城池，齐国人依靠城墙拼死防守。后来，乐毅攻入临菑，他把齐国所有的珍宝财物以及祭祀用品都装进大车运回燕国。燕昭王非常高兴，亲自来到济水边犒劳军队，并且将昌国封赏给乐毅，册封乐毅为昌国君。随后，燕昭王就带着那些抢夺来的珍宝返回燕国，而让乐毅留下来继续带领军队去攻打齐国剩余的城池。

接下来的五年，乐毅一直在外征战，他先后攻取齐国城池七十多座，逼得齐国仅剩下莒和即墨这两座县城。此时，燕昭王去世，他的儿子燕惠王即位，而燕惠王在身为太子的时候就对乐毅心怀不满。此时已经濒临灭国之灾的齐国突然有了转机，那是因为齐国贵族田单觉得可以充分利用燕惠王对乐毅的不满来大做文章。于是，他采用反间计，派人来到燕国散布谣言，说乐毅之所以没有让齐国灭亡，那是因为乐毅想找到合适机会自己来做齐王。

田单的反间计果然奏效，早就对乐毅心怀猜忌的燕惠王立刻让骑劫代替乐毅，而谨慎的乐毅担心自己回去后身遭不测，便索性离开燕国，投奔赵国去了。赵国对乐毅的到来表示欢迎，赵王把观津县赏赐给乐毅做封地，并封他为望诸君。

后来，骑劫在即墨被田单打得大败而归，齐国收复了全部失地，又把齐襄王迎接回都城临菑。

面对骑劫的惨败，燕昭王悔不当初，他对乐毅投奔赵国感到非常惋惜，万般无奈之下，燕昭王让使者传话给乐毅："先王曾经非常信任您，把国家的大权交到您的手中，而您帮助先主完成了复仇的心愿。在我即位的时候，由于没有经验而受到流言的欺骗，我知道您劳苦功高，想让您回国休息休息。没想到您对我产生误会，一下子投奔了赵国，您这样做怎能对得起先王对您的厚爱呢？"

乐毅听完写了一封亲笔信让使者转交给燕惠王，信中写道："我当初来到赵国是担心回国后被您杀掉，我可以问心无愧地说自己没有辜负过先王对我的信任和厚爱，我为先王献计献策，顺利地打败齐国，遗憾的是后来先王去世，而您却听信谣言对我心存戒备。我直至今日依然想念燕国，如果您足够信任我的话，我是可以考虑继续为燕国效力的。"

燕惠王读完信后心里愈发愧疚，他悔恨自己轻信流言而胡乱冤枉和猜忌乐毅，随后他封乐毅的儿子乐间（一说乐闲）为昌国君。燕惠王的举动感动了乐毅，他不计前嫌，身兼燕、赵两国的客卿，后来终老于赵国。

乐毅死后，乐间在燕国生活了三十多年，到了燕王喜时期，乐间劝说燕王喜不要轻易攻打赵国，而燕王喜听从宰相栗腹的话，悍然发动侵略赵国的战争，燕军在鄗（hào）县和代被赵将廉颇和乐乘打得大败，赵军乘胜追击包围了燕国都城，直到燕国割给赵国大片土地作为赔偿之后，赵军才扬长而去。

乐间担心自己和乐乘是同族会引来杀身之祸，于是就离开燕国前往赵国避难。醒悟过来的燕王喜写信请乐间回国，而乐间没有答应燕王喜的请求，他在赵国度过了自己的余生，并被赵国封为武襄君。

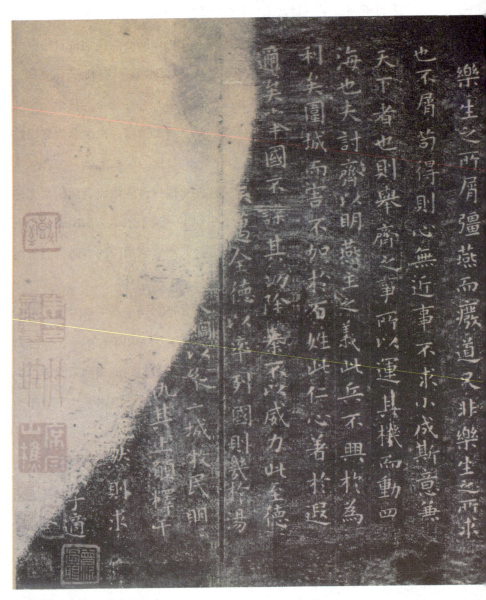

▲东晋·王羲之《乐毅论》

樂毅論　夏侯泰

世人多以樂毅不時拔莒即墨

論之

夫求古賢之意宜以大者遠者先

而難通然後已焉可也今樂氏之趣或者

志盡乎而多劣之是使前賢失指於將來

不亦惜哉觀樂生遺燕惠王書其殆庶乎

機合乎道以終始者與其喻昭王曰伊尹放

大甲而不疑大甲受放而不怨是存大業於

至公而以天下為心者也夫欲極道之量務以

天下為心者必致其主於盛隆合其趣於先

王茍君臣同符斯大業定矣于斯時也樂生

二　力挽狂澜

当年，齐湣王在燕国军队的攻击下仓皇逃窜到莒城的时候，谁也没有想到齐国都城临菑的市场里，有个名叫田单的官吏。他不仅是齐国王室的亲族，还是一个颇有智谋的将才。

当燕国军队包围临菑的时候，田单的家人们准备逃往安平，田单对家人说："请你们把车轴截去一部分，并将车轴两头包上铁箍。"田单的家人们虽然不理解他的真实用意，但还是按照他的话做了。很快，临菑被燕军攻破，百姓们争相逃命，大部分百姓的马车因为车轴太长相互碰撞而折断了车轴，只有田单的家人们事先采取了保护措施，才避免了被燕军俘虏的命运。

此时，整个齐国仅存莒城和即墨尚未沦陷，燕军起初围攻莒城，楚国军队赶来援救，楚军将领淖（nào）齿痛恨齐湣王以前曾入侵楚国侵占楚地，便一怒之下杀死了齐湣王，他继续指挥军民保卫莒城。燕军在围攻莒城无果之后便移师即墨，恰好田单和家人正在即墨避难。燕军对即墨的围攻很快起到了效果，即墨守城官战死，城内顿时乱作一团，在情况危急中有人说："田单在逃离临菑时让家人截断车轴包上铁箍，从而使家人安全离开，这说明田单熟谙军事。"大家一听觉得很有道理，于是推举田单担任将军，率领大家保卫即墨。

没多久，燕昭王去世，田单听说新即位的燕惠王在年轻的时候就和乐毅有矛盾，他觉得反败为胜的时机来了。田单派人到燕国使用反间计，这些人到处散播谣言说："乐毅之所以不急着攻下莒城和即墨，是因为他打算联合齐国的百姓在齐地称王，现在齐国百姓根本不怕乐毅，而最怕燕王替换其他将领。"燕惠王果然中计，他用骑劫替换乐毅为将军，命骑劫攻取莒城和即墨。

这时，田单让百姓们在吃饭前在院子里摆放饭菜祭奉祖先，因此很多飞鸟被招引过来，在即墨上空飞来飞去，燕军看了感觉很奇怪，田单让出城人散播谣言说："这是上天要帮助我们的征兆。"

一天，一个士兵对田单开玩笑说："我就是老天爷，我说的话您相信吗？"没想到田单马上拜这个士兵为神师，从此以后田单发布的所有命令全都说是来自神师的占卜和预知。

接着，田单又让人出城散播谣言说："齐国人最怕燕军把削去鼻子的俘虏布置在阵前攻城。"燕军轻信了谣言，他们割去俘虏的鼻子。即墨的百姓见到这种情景不禁义愤填膺，他们发誓即使战死也决不当俘虏。随后，田单再次派人出城散播谣言："齐国人最怕燕国人掘开祖先的坟墓，并侮辱先人的尸骨。"燕军再次中计，他们挖开齐国人祖先的坟墓，把尸骨用火焚烧。燕军的暴行彻底激怒了即墨军民，大家纷纷表示愿意同燕军决一死战。

田单觉得时机已经成熟，他把家人编入军队，自己亲自来到前线和士兵们一起修筑防御工事，同时还把家里的食物分发给大家共享。除此之外，他故意让老弱幼残守城来迷惑燕军，还派人带着千两黄金出城送到燕军军营，并对燕军将领说："即墨投降是早晚的事情，希

▲田单历史故事

望燕军进入即墨以后不要乱杀无辜，能够让百姓们安居乐业。"燕军见即墨指日可待，便日益松懈下来。

田单在城中收集一千多头牛，让人在牛身上包上红绸，红绸上画着五彩龙纹，两只牛角绑着利刃，在牛尾绑上浸透油脂的芦苇。当黑夜降临之时，田单让士兵将牛从城墙的缺口放出城去，牛群后面跟随着五千精兵。

田单一声令下，士兵们点燃绑在牛尾的芦苇，牛群在烈火的烧灼下惊慌失措，瞬间冲向前方的燕军军营。而燕军刚从睡梦中惊醒，便看到一只只发疯般的火牛迎面冲来，顿时四散奔逃、溃不成军，燕将骑劫也在混乱中被齐军杀死。

最终，田单乘胜追击，一路上势如破竹，那些被占领的齐国城池纷纷开城投降，燕军一败再败，退守到黄河对岸，齐国先前丧失的七十多座城池失而复得。田单把齐襄王从莒城迎回临菑，齐襄王因田单劳苦功高，便封他为安平君。

田单的计谋让危如累卵的齐国转危为安，他自己也功成名就，备受齐国人的尊敬。而对于乐毅来说，他的失败在于燕惠王对自己的无端猜忌，进而导致功亏一篑。客观而言，乐毅与田单的军事才能难分伯仲。

原典精选

诸侯害^①齐湣王之骄暴，皆争合从^②与燕伐齐。乐毅还报，燕昭王悉起兵，使乐毅为上将军，赵惠文王以相国印授乐毅。乐毅于是并护赵、楚、韩、魏、燕之兵以伐齐，破之济西。诸侯兵罢归^③，而燕军乐毅独追，至于临菑。齐湣王之败济西，亡走，保于莒。乐毅独留徇^④齐，齐皆城守。乐毅攻入临菑，尽取齐宝财物祭器输^⑤之燕。燕昭王大说，亲至济上劳军，行赏飨^⑥士，封乐毅于昌国，号为昌国君。于是燕昭王收齐卤^⑦获以归，而使乐毅复以兵平齐城之不下者。

——《史记·乐毅列传》

注释

① 害：怨恨、忌恨。

② 合从：结盟、联合。从，通"纵"。

③ 罢归：撤回。

④ 徇（xùn）：占领地盘。

⑤ 输：运送。

⑥ 飨（xiǎng）：奖赏、犒劳。

⑦ 卤：通"掳"，掠夺、抢掠。

译文

各个诸侯国对齐湣王的骄奢残暴很是反感，于是都争先恐后地与燕国联合起来讨伐齐国。乐毅回到燕国向燕昭王说明了这一情况，燕昭王立刻任命乐毅为上将军，赵惠文王甚至把赵国的相印交到乐毅的手里。然后乐毅统领着赵国、楚国、韩国、魏国、燕国的军队来攻打齐国，最终在济水的西面打败了齐国的军队。随后，其余诸侯国的军队都撤兵回国，只剩下乐毅带领燕军继续追赶齐军，燕军一鼓作气打到临菑城下。齐湣王在济水的西面战败之后，率领手下人马逃到莒城坚守不出。乐毅继续指挥燕军攻打那些还没有被攻陷的齐国城池，齐国人凭借城墙固守。后来，乐毅攻入临菑，他把齐国所有的珍宝财物以及祭祀用品都装进大车运回燕国。燕昭王非常高兴，他亲自来到济水边犒劳军队，并且将昌国封赏给乐毅，册封乐毅为昌国君。随后，燕昭王就带上那些抢夺来的珍宝返回燕国，而让乐毅留下来继续带领军队去攻打齐国剩余的城池。

济上劳军

▲乐毅济上劳军（出自《马骀画宝》）

知识拓展

沙丘宫事变

赵武灵王执政后期，逐渐将手中的权力移交给次子赵何（后来的赵惠文王），并指定赵何为王位继承人，赵武灵王从此自称"主父"，领兵外出征战。赵武灵王的长子赵章被封为安阳君，驻守代地，赵武灵王派田不礼做赵章的相国。赵章本来就对父亲安排弟弟赵何接替王位这件事非常不满，而田不礼也是一位心狠手辣、阿谀奉承的小人，他积极怂恿赵章夺取王位。

后来，赵武灵王和两个儿子前往沙丘游玩，赵章假传主父的命令，说主父要在沙丘的宫殿中召见赵何，大臣肥义察觉出赵章说谎，为了保护赵何，他独自先行来到主父的住所，当他一迈进宫殿大门就被埋伏在四周的士兵杀掉了。

很快，公子成和李兑率军援救赵何，并杀死赵章和田不礼，成功地镇压了叛乱。然而，当初赵章在叛变失败以后曾逃到主父的寓所避难，因此公子成和李兑率军将主父的宫殿围困了好长一段时间。

等赵章被杀后，公子成和李兑担心围困主父住所的行为会给自己带来杀身之祸，于是他俩索性将主父一直围困在沙丘宫。三个月后，可怜的赵武灵王被活活饿死在沙丘宫内。

齐湣王

　　齐湣王是齐宣王的儿子，战国时期齐国第六任君主。齐湣王在位期间，他在四处征战的同时，也为自己树立了很多敌人，后来当他逃亡莒城的时候，前来援救的楚将淖齿就因齐湣王先前曾入侵楚国而怀恨在心，借机杀死了他。

第四章 戎马一生 壮志难酬——廉颇

廉颇一生效命疆场，对赵国忠心不贰。他的勇猛作战不仅迫使觊觎赵国已久的秦国不敢轻举妄动，而且他本人还同白起、王翦、李牧一道被誉为『战国四大名将』。此外，深明大义的廉颇处处以国事为重，在他和蔺相如的共同努力下，赵国才略微有了和秦国抗衡的资本。

一　负荆请罪

廉颇，字洪野，中山郡苦陉县人，是战国末期著名军事将领。让廉颇威震四方，得以跻身于名将行列的是他带兵攻齐一战。

赵惠文王时期，秦国和齐国是当时的两个大国，国力正盛。当时秦国要对付齐国，于是联合韩、燕、魏、赵四国共同伐齐。赵惠文王十六年（前283年），廉颇作为赵国大将军率领军队攻打齐国，大败齐军，顺利夺取齐国阳晋城。赵惠文王封廉颇为上卿，一时成为赵国最得力的武将。

提起廉颇，就无法忽视赵国另一位重要人物——蔺（lìn）相如，他们二人在赵国堪称国之栋梁，廉颇在沙场上建功立业，蔺相如在政治上出谋划策。

最初，蔺相如的身份是赵国太监总管缪贤的门客，他在日后的崛起和一块玉璧有着密不可分的联系，这块玉璧的出现还使得廉颇与蔺相如在历史上留下了一段"负荆请罪"的千古佳话。

当时，楚国向赵国进献了一块无价之宝——和氏璧。赵惠文王的高兴劲儿还未散去，麻烦和苦恼不请自来。色厉内荏（rěn）的秦昭王依恃强盛的国力经常欺负其他国家，这次也不例外，当他听说赵国获得和氏璧以后，便绞尽脑汁地谋划诡计，打算白白占有这块美玉。诡计多端的秦昭王想出了一个阴险的招数，他写信给赵王，表示自己愿意用十五座城池换取和氏璧。

所有人都清楚秦昭王的心中打的是怎样的算盘，用城池换玉璧只不过是一个借口和托词罢了。

此时，收到来信的赵惠文王如坐针毡，不知如何是好，如果不答应秦昭王要求的话，恐怕就要遭受秦国的攻打。他身边的大臣们也都一筹莫展，没有谁能够想出一条对策。

这时，太监总管缪贤推荐了自己的门客蔺相如，说此人足智多谋，如果派他前去秦国谈判，也许有希望保住和氏璧。缪贤的举荐收到了立竿见影的效果，蔺相如不负众望，用智谋和巧计将和氏璧带回赵国。由于保全了和氏璧，并且维护了国家尊严，因此蔺相如被赵惠文王封为上大夫。

几年后，秦昭王邀请赵惠文王在渑池举行和平会谈。赵惠文王畏惧秦国的强大而不敢赴约，廉颇和蔺相如商议后，建议赵惠文王如期赴约，认为如果不去，秦国会更加蔑视赵国。经过一番考虑之后，赵惠文王决定带蔺相如一起赴约。

廉颇将赵惠文王护送到边境，并对赵惠文王说："此去前后估计不超过三十天，如果大王您三十天还未回来，那请允许我立太子为王，以免秦国扣留您为人质。"

赵惠文王同意了廉颇的请求，随后和蔺相如一道奔赴渑池。

在宴会上，酒兴正酣的秦昭王对赵惠文王说："我听说您擅长乐器，我让人取来一张瑟，请您演奏。"赵惠文王不敢推辞，只好演奏一番。与此同时，秦昭王令史官记录下来，说赵王在渑池为秦王鼓瑟。

蔺相如见到此番情景之后，来到秦昭王面前，说："赵王听说您

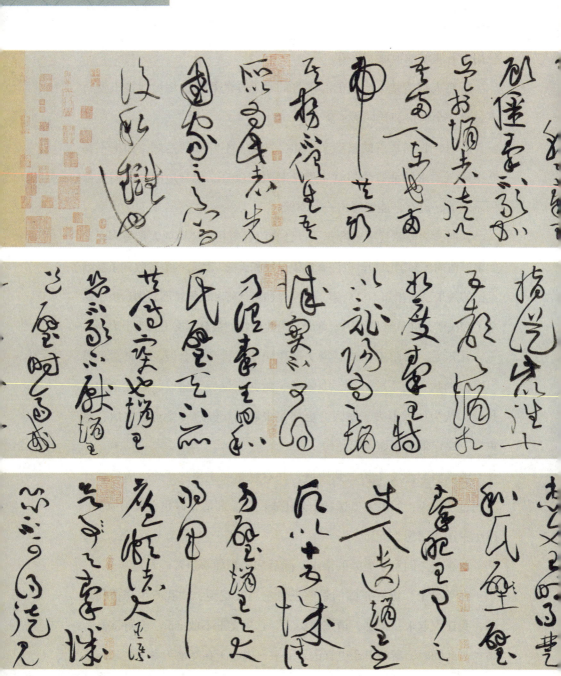

▲宋·黄庭坚《廉颇蔺相如列传》（局部）

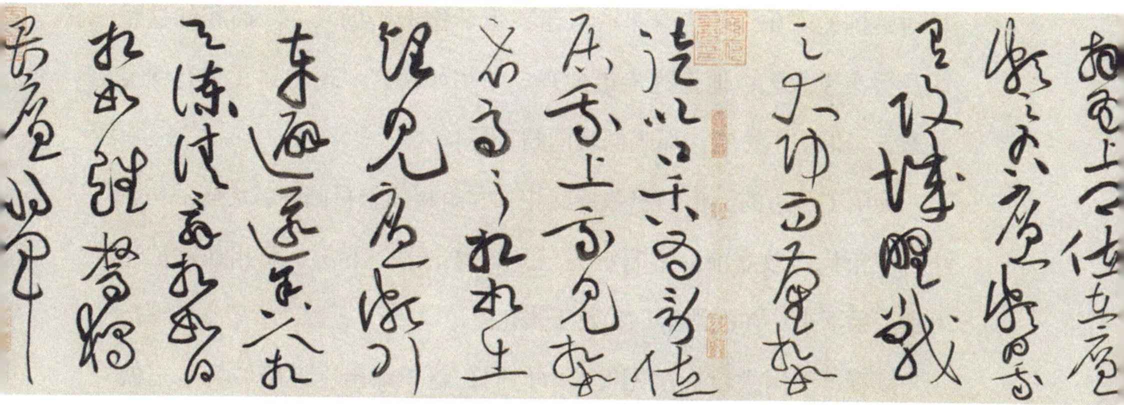

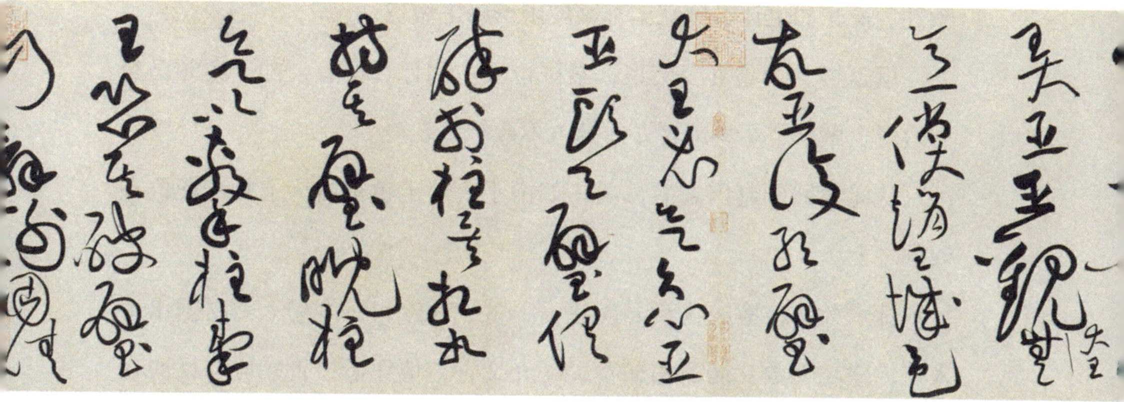

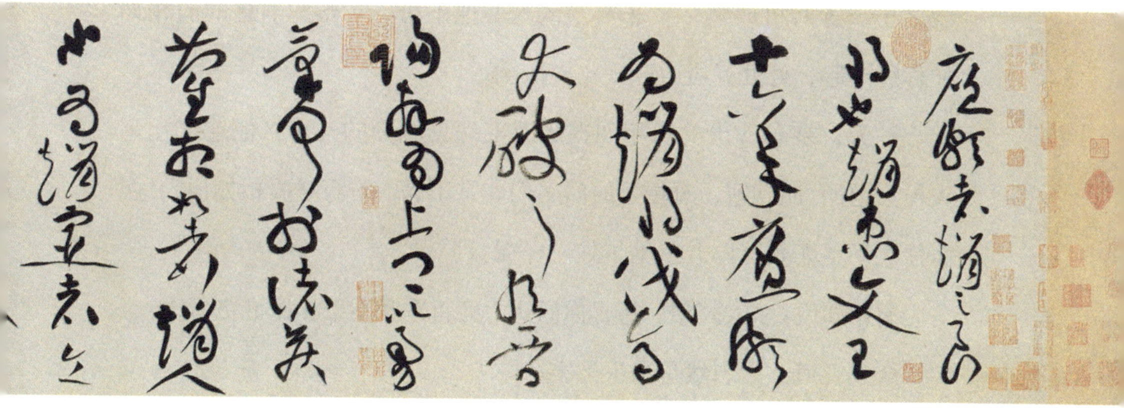

精通秦国的音乐，让人拿来一只缶，也请您击缶助兴。"蔺相如这番话惹得秦王大怒，他拒绝击缶助兴。蔺相如说："现在你我只有咫尺之遥，如果您不答应，那咱们就同归于尽！"

秦昭王身边的卫士们想杀掉蔺相如，蔺相如怒目圆睁，大喝一声，吓得卫士们不敢靠前。秦昭王无奈，只得击了一下缶。蔺相如连忙让史官记录下来：在渑池秦王为赵王击缶。

接着，秦国大臣们率先发难，他们让赵王献出十五座城为秦王做贺礼，蔺相如也让秦国献出都城咸阳给赵王做贺礼。

就这样一直到宴会结束，秦国也没占到什么便宜，加上廉颇已经在边境上做好了军事部署，秦国也不敢轻举妄动。

从渑池回到赵国之后，蔺相如由于表现出色被封为上卿，职位在廉颇之上。

日子久了，廉颇逐渐心生怨言，他说："我在沙场上为赵国出生入死，建功无数。而蔺相如不过一介文官，他凭借口舌，地位反而在我之上。等时机成熟，我非要当众羞辱他不可。"得知消息的蔺相如便称病不起，处处躲避廉颇。

一天，乘车外出的蔺相如在半路上遇见廉颇的马车，他连忙让车夫掉头返回。回到家，蔺相如的门客们非常不满，纷纷对蔺相如说："您为什么见了廉颇就像老鼠见了猫一样呢？"

蔺相如说："大家想一想，你们认为廉将军和秦王相比谁更厉害？"

众人答道："当然是秦王厉害。"

蔺相如说："我连秦王都不惧怕，怎会惧怕廉将军呢？现在秦国强大，我们弱小，秦国之所以不敢贸然进犯，是因为有我和廉将军在，如果我们俩闹矛盾，秦国就会乘虚而入，到头来损失的是赵国的力量。"

没多久，蔺相如的这番深言大义传到了廉颇的耳朵里，他羞愧难当，立即脱下战袍，让人将荆条绑在自己的背上，亲自登门到蔺相如的府上谢罪。

从此以后，廉颇和蔺相如结为挚友，共同保卫赵国。

二　长平之战

前 266 年，赵惠文王去世，赵孝成王即位。赵孝成王七年（前 259 年），秦赵两军在长平兵戎相见。此时蔺相如病重，赵国另一名大将赵奢去世。

最初，赵孝成王让廉颇担任主将，命令廉颇带领数十万大军在长平阻击秦国军队。但是廉颇深知秦军强大，加上赵军长途跋涉过于疲乏，于是命令将士坚守不出。即使秦军屡次挑战，廉颇也不加理睬。秦军看占不到任何便宜便施展反间计，派人散布谣言，声称秦军最害怕的人就是赵奢的儿子赵括。

赵括自幼熟读兵书，谈起军事头头是道。蔺相如劝诫赵王不可让赵括替换廉颇，说赵括只知道念自己父亲留下的兵书，并不懂得根据实际战况灵活变通地运用战术。可赵孝成王置若罔（wǎng）闻，毅然任命赵括为统帅。

此时，赵括的母亲知道儿子成为赵军统帅之后，力劝赵王收回任命。赵王困惑不解，派人询问赵括的母亲为什么这样做？赵括的母亲说："赵括根本无法和他的父亲赵奢相比，赵奢能够和士兵同甘共苦，听从属下的建议，而赵括独断专行，贪图钱财，这样的人怎能为将呢？"

然而赵王拒绝采纳赵括母亲的建议，而赵括的母亲恳请赵王，一旦儿子战败，自己可以免受刑罚牵连，赵王同意了她的请求。

果然，目中无人的赵括一到长平就废除廉颇定下的所有规定，撤换掉一大批军官。秦国大将白起得到情报，设计引诱赵括主动出击，暗中派兵截断赵军的运输线，并将赵军分割成两段。赵军一连被围困四十多天，军中粮草消耗殆尽，士兵人心涣散，赵括被迫率军突围。倒霉的赵括突围失败，他本人也被乱箭射死。

长平一役，赵国损失的士兵有四十五万，残忍的白起将投降的士兵全部活埋，只放回一小部分未成年的赵国士兵以示羞辱。

三　日薄西山

长平惨败之后，秦国几次攻打赵国，一度兵临邯郸城下。幸亏楚国和魏国及时伸以援手，赵国才摆脱亡国的厄运。

五年后，燕国大臣栗腹对燕王说："赵国现在国力空虚，不如趁此机会讨伐赵国。"燕王采纳了栗腹的建议，让栗腹率军讨伐赵国。

赵王重新起用廉颇，廉颇不负众望，在鄗县大败燕军，并杀死栗

坑弃萬軍

▲白起坑弃万军（出自《马骀画宝》）

腹，然后乘胜追击，一直打到燕国国都，迫使燕国割地求和。赵王将尉文县赏赐给战功卓著的廉颇作为领地，封他为信平君，同时让他代理宰相一职。

赵孝成王死后，赵悼襄王即位，他任命乐乘代替廉颇，廉颇一气之下离开赵国投奔魏国。

不得志的廉颇在魏国国都大梁居住了很长时间，因为始终被魏王猜忌，一直赋闲在家。与此同时，赵国屡次被秦国打败，焦虑不安的赵悼襄王想起廉颇，打算再次任命廉颇为将，而心系赵国的廉颇也一直等待为赵国效力的时机。

终于，赵王派遣使者前去探望廉颇，以考察一下廉颇是否还能披挂上阵。廉颇有个仇人名叫郭开，他多次用重金贿赂使者，让使者在赵王面前诋毁廉颇。赵国的使者见到廉颇之后，廉颇挽留使者共进午餐，廉颇特意吃了一斗米，十斤肉，身穿铠甲骑上战马，表示自己还可以为国效力。但赵国的使者回到宫廷却对赵王说："廉将军年纪大了，虽然他饮食尚佳，但是在和我交谈的短时间内，一连上了三次厕所。"听完使者的陈述，赵王觉得廉颇年迈老朽，于是打消了召他回来的念头。

在这之后，廉颇离开魏国，在楚国担任将军一职。最终，一代名将廉颇终老于楚国国都寿春。

赵孝成王对廉颇无端的猜忌最终导致长平之战的惨败，从此赵国一蹶不振，濒临覆灭的边缘。而赵悼襄王对廉颇的轻视，使得廉颇远走他乡为别国效力。这不仅仅是廉颇的人生悲剧，更是赵国的悲剧。

原典精选

廉颇居梁久之，魏不能信用。赵以数困于秦兵，赵王思复得廉颇，廉颇亦思复用于赵。赵王使使者视廉颇尚可用否。廉颇之仇郭开多与使者金，令毁①之。赵使者既见廉颇，廉颇为之一饭斗米，肉十斤，被②甲上马，以示尚可用。赵使还报王曰："廉将军虽老，尚善饭，然与臣坐，顷之三遗矢矣。"赵王以为老，遂不召。

——《史记·廉颇蔺相如列传》

注释

① 毁：诋毁、诽谤。

② 被：同"披"，穿着。

译文

廉颇在魏国的都城大梁居住了很长时间，魏国因为不信任他而一直让他赋闲在家。此时，赵国好几次被秦国打败，赵王因此打算再次重用廉颇，而廉颇也打算再次为赵国效力。赵王派遣使者前去探望廉颇，看廉颇是否还能披挂上阵。廉颇有个仇人名叫郭开，他用重金贿赂使者，让使者在赵王面前诋毁廉颇。赵国的使者见到廉颇之后，廉颇挽留使者共进午餐。廉颇一顿饭就吃了一斗米、十斤肉，身穿铠甲骑在马上，表示自己还可以为国效力。赵国的使者回到宫廷对赵王说："廉将军年纪大了，虽然他饮食尚佳，但是在和我交谈的短时间内，一连上了三次厕所。"听完使者的陈述，赵王觉得廉颇年迈老朽，于是就打消了召他回来的念头。

知识拓展

色厉内荏：意指外表看似强大，内心实则虚弱。

例句：他平日里摆出一副骄横的模样，了解他的人都知道他是一个色厉内荏的家伙。

置若罔闻：意指对某件事情漠不关心，不去过问。

例句：他对老师的批评置若罔闻，依旧我行我素。

和氏璧

传说在春秋时期，楚国有位精通玉石的高手名叫卞（biàn）和。有一天，他在荆山发现一块玉璞（pú），并且断定这是一块稀世美玉，在惊喜之余将此玉进献给楚厉王。楚厉王命玉工鉴定玉璞，玉工报告楚厉王，这个玉璞不过是一块普通的石头。楚厉王一怒之下命人砍去卞和的左脚以示惩罚。后来，武王即位，卞和再次进献此玉，玉工的答复和之前一样，武王砍去卞和的右脚以儆效尤。文王即位，卞和怀抱玉璞在楚山脚下痛哭了三天三夜，文王得知后，派人前去询问。卞和对使者说："我痛哭的原因并不是我失去双脚，而是无人慧眼识珠，不懂得鉴赏稀世美玉。"文王听完使者的报告后，让人召卞和进宫，剖开这块玉璞，果真见到一块稀世美玉，由此命名为"和氏璧"。

▲清·吴历《人物故事图册》之《蔺相如完璧归赵》

第五章 骁勇善战 国之栋梁——白起 王翦

在秦昭王时期，一位名叫白起的战将横空出世，他在沙场上所向披靡，攻无不克、战无不胜，令敌人闻风丧胆。时光流转，几十年后的秦始皇时期，另一位战将王翦协助秦始皇完成了一统天下的夙愿，在功成名就之后，选择回故里安享晚年。

一　威震四海

白起是陕西郿（méi）县人，熟谙兵法。秦昭王十四年（前293年），白起带领军队同韩国、魏国作战，他在战场上发现韩魏联军虽然兵力远超秦军，但是迟疑不决、行动缓慢，韩国和魏国的将领各自怀有私心，不愿意率先和秦军交战，担心折损自己的实力。白起在观察到敌方犹疑不决、相互观望的情况后，果断决定用一小部分兵力牵制住韩军，再集中力量消灭实力较弱的魏军。

战斗没多久，魏军在秦军猛烈的攻击下溃不成军、死伤无数，秦军在消灭掉魏军之后，马不停蹄地回过头来攻击韩军主力部队。直到此时，韩军才如梦初醒，知道中了白起的计谋。最终，韩军在秦军的凌厉攻势下重蹈了魏军的覆辙，士兵尸横遍野、血流成河，侥幸活命的士兵四散奔逃。

白起在韩魏联军溃败后乘胜追击，一口气攻占了伊阙，并渡过黄河占领魏国的几座城池和韩国安邑以东的大片土地。此战消灭韩魏联军二十四万人马，使韩魏两国元气大伤，这场战斗在历史上被称为"伊阙之战"。

在接下来的几年里，白起率领秦军四面出击，先后攻占魏国大小城池六十多座，占领赵国的光狼城、楚国的都城郢都。秦昭王获悉白起占领楚国都城郢都后非常高兴，他让人将郢都划分为秦国的南郡，

▲ 白起像（清人绘）

为了表彰白起的赫赫战功，秦昭王封白起为武安君，白起名震天下。

　　白起没有辜负秦昭王对自己的厚爱，他继续带兵南征北战，一连攻占楚国的巫山和黔中，夺取魏国的华阳，杀死魏兵十三万。秦昭王四十三年（前264年），白起又消灭韩军五万人马，夺得五座城池。

　　秦昭王四十五年（前262年），白起决定集中力量打击韩国，他率主力之师进攻韩国的野王郡，迫使野王郡向秦国投降。紧接着，他

▲秦错金杜虎符

又向韩国的上党郡进发，派兵将上党郡围困得密不透风。正当上党郡的守军快要支撑不住的时候，上党郡郡守冯亭心生一计，召集手下人商议投降赵国，这样一来，秦国眼见唾手可得的胜利果实被赵国截去，一定会迁怒于赵国，到时候秦军势必讨伐赵国，而赵国一定会选择和韩国结盟共同抵御秦国，到那时候他们就有得救的希望。

果然，赵孝成王在召见冯亭的使者以后，不顾身边大臣的劝说，毅然决定接受上党郡的投降。可惜没多久，秦军就占领了上党郡，大量韩国的难民逃往赵国的长平地区。

秦军本来就对赵国心怀怨恨，看见赵军在长平一带已经部署好防御，于是秦军将兵锋直指赵国的长平地区，一场大战一触即发。

二 决胜长平

秦昭王四十七年（前260年），秦昭王先是派王龁（hé）担任大将，带领军队进攻赵国的长平地区。起初，秦军在赵军身上完全占不到便宜，原因是当时赵军的守将是威名赫赫的老将廉颇。廉颇深知自己的军队不是来势汹汹的秦军的对手，所以选择修筑防御工事，依靠深沟壁垒坚守不出，秦军几次挑战和辱骂都丝毫不能动摇廉颇的决心。

这时，赵孝成王屡次派使者到前线催促廉颇与秦军决战，而廉颇对赵孝成王的命令无动于衷，几次下来，赵孝成王对廉颇越来越不满。秦国的宰相范雎（jū）在得知赵孝成王与廉颇之间产生隔阂以后，他觉得可以用反间计让赵孝成王撤换掉廉颇，这样秦军就有机可乘。

于是，范雎命人带着重金来到赵国，买通一些赵国人，让他们四处散播谣言，说秦国根本不怕廉颇，因为廉颇之所以坚守不出，那是因为私下里早已经和秦国签订了密约，等时机成熟就率军投降秦国，现在秦军最害怕的是赵国的名将赵奢之子赵括。

谣言很快起到了预想的效果，原本就对廉颇心怀猜疑的赵孝成王立刻撤换掉廉颇，让赵括担任长平地区的统帅。这个赵括虽然出身于将门世家，但是他只知道按照兵书来指挥战斗，一点也不懂得灵活多变，并且他狂傲自大，丝毫不把秦军放在眼里。他刚来到长平地区就撤换掉一大批军官，下令废弃先前的防御工事，做好向秦军发起总攻的准备。

赵括的一举一动正中秦军的下怀，秦昭王立刻暗中让白起担任主将，王龁担任副将，并下令所有人严守秘密。白起在长平故技重施，他派出一股军队来到赵军阵前挑战，暗中埋伏三万秦兵准备截断赵军的后路。赵括无法忍受秦军的挑衅，下令全军倾巢出动，赵军主力部队一直攻击到秦军的阵前，可是始终无法突破秦军的防御工事。

此时，事先埋伏在赵军后面的两万五千名秦军趁势攻击赵军的尾部，另外五千名骑兵穿插到赵军的中间位置，将赵军主力分割成两半，赵军在被断去后路的同时也被截断了粮道，一时间赵军陷入恐慌之中。赵括在屡次突围失败之后，无奈地选择坚守不出，等待援兵的到来。

秦昭王见歼灭赵军的时机已经成熟，便动员全国十五岁以上的男子前往长平参战，力求彻底消灭赵国部署在长平地区的军事力量。

这年九月，被秦兵围困了四十六天的赵军早已羸弱不堪，甚至到了人吃人的地步，而援军却杳无音信。终于，赵括丧失了等待援军的耐心，他下令将军队分成四队，不舍昼夜轮番向外突围，结果每次突围都无功而返，放手一搏的赵括亲自率军突围，不幸被秦军乱箭射死，四十多万赵军顺势投降了秦国。

残忍的白起担心数量庞大的降兵会引发叛乱，他下令将四十万赵国降兵全部坑杀，只赦免了二百四十个未成年的赵国降兵，让他们回去报告失败的消息，以示对赵国的羞辱。

白起在长平之战取得的胜利并没有换取到他后半生的荣华富贵。很快，他和秦昭王之间就产生了矛盾。

三　含恨自刎

在长平之战结束后，秦昭王想一鼓作气灭掉赵国，于是他派遣王陵率兵围攻赵国都城邯郸。秦昭王四十九年（前258年），受命出征的王陵并未如秦昭王所愿攻陷邯郸，而是在战斗中损兵折将，尽管秦昭王给王陵派去很多增援部队，可王陵还是损失了很多人马。

秦昭王再也坐不住了，他任命大病初愈的白起代替王陵为将，白起推辞道："邯郸城墙坚固，工事完备。现在各国援军都纷纷朝着邯郸的方向进发，不久就会到达邯郸城下。虽然我们在长平之战大获全胜，但是我们的士兵也损失大半，国内兵源空虚，加上士兵们远离国土，深入别国的腹地作战，早已经人困马乏。如果赵军固守城池坚守不出，等待各路援军的到来，到那时候赵军和各路援军里应外合、前后夹攻，我们一定大败而回，依我看还是及早撤退的好。"

白起的这番说辞没有打动秦昭王，秦昭王派丞相范雎前去劝说白起，范雎也无功而返。白起见秦昭王屡次派人请自己为将，便找了个生病的理由在家中休养不出。

白起的不合作态度让秦昭王很无奈，他只好委任王龁为将。王龁来到前线领兵发起猛攻，可邯郸城在秦军的攻势面前岿然不动。这时，魏国的几十万援军赶到，和赵军里应外合大败秦军。

前线失利的消息传回秦国，白起私下里说："秦王不听从我的劝阻才有了今天的惨败。"没想到这话传到了秦昭王的耳朵里，原本秦昭王就对白起先前的抗命不遵很是不满，听到这番话后更是火冒三丈，他让使者再次转告白起，这次必须去邯郸前线走马上任。秦昭王的强硬态度换来的还是白起的不合作态度，白起又一次称自己身体欠佳，需要休养。

白起的行为彻底激怒了秦昭王，秦昭王在一气之下撤销了白起武安君的封号，把他贬为平民，又下令将他发配到阴密。而白起称自己有病在身，迟迟没有启程。

三个月后，各国援兵齐聚邯郸城下，秦军抵挡不住只得后退，每天都会传来前线告急的消息，这些消息让秦昭王寝食难安，也加剧了他对白起的怨恨。最后，秦昭王命令白起立刻离开咸阳前往阴密，不准在咸阳逗留。

在秦昭王的逼迫下，白起离开咸阳朝阴密进发，当他经过杜邮时，秦昭王和范雎商议道："白起对这次发配很不满，我担心他日久生变投靠敌国，到那时候对我们就很有危害了。"

紧接着，秦昭王让使者带一把宝剑给白起，责令白起自杀谢罪，白起接过宝剑的时候愤恨地说："我究竟犯了什么罪过，老天爷要用这种方式来惩罚我？"过了一会儿，他又开口说道："我落得这样的下场不足为奇，长平之战赵国降兵四十多万都被我无情地坑杀掉了，我杀戮的人太多，连老天爷都看不下去了，所以才惩罚我。"

说完，白起就举起宝剑自刎而死，一代名将黯然离世。白起的黯然离世在令人扼腕叹息之余，不禁引发人们的思考，他征战一生，杀戮甚重，许多无辜的生命丧生在他的刀剑之下，在自刎前，他本人也有所醒悟。

四 后继有人

秦始皇时期，另一位战将登上了历史的舞台，在沙场上驰骋纵横，他就是王翦（jiǎn）。王翦，字维张，出生于频阳东乡，战国时期秦国著名的军事家。他小时候就很喜欢研读兵书，长大后做了秦国将领。

秦始皇十一年（前236年），王翦率兵攻取赵国阏与地区，随后一举攻克赵国九座城池。秦始皇十八年（前229年），王翦带领秦军成功攻陷赵国都城邯郸，赵幽缪王被迫向秦国投降，秦始皇将赵国划为秦的郡县，赵国灭亡。

次年，燕王喜为了保全自己的国家，派遣刺客荆轲来到咸阳，假称进献燕国的地图而伺机刺杀秦始皇，最终荆轲的刺杀没能成功，自己也被宫廷守卫乱剑砍死。秦始皇大怒，他命王翦率军讨伐燕国。王翦不辱使命，打得燕王喜逃到辽东，顺利占领燕国都城蓟城。与此同时，王翦的儿子王贲也在秦军为将，受秦始皇的命令率军攻打楚国，在征服楚国以后，又率军攻打魏国，一直打到魏国都城大梁城下。面对魏军固守城池，王贲没有一味地猛攻，而是观察到大梁地势低洼，周围又有黄河和鸿沟流过，他让士兵们掘开黄河和鸿沟的河堤，引河水淹大梁城。王贲的计策果然奏效，魏国军民无法坚守，他们在魏王

▲王翦像

假的带领下出城投降，于是魏国宣告灭亡。

秦始皇在相继灭掉几个国家之后，打算下一个消灭的目标是楚国。这时，秦国有一位名叫李信的年轻将领作战勇敢、屡立战功，深受秦始皇的青睐。有一次，秦始皇询问李信和王翦，他们各自需要多少人马能够平定楚国？

李信不假思索地说："二十万人马足够了。"

秦始皇听了很高兴。

王翦说："平定楚国最少需要六十万人马。"秦始皇对王翦的话不以为意，认为王翦年事已高，作战丧失了年轻时的胆气，便调拨给李信二十万人马，让他和蒙恬一起攻打楚国。

王翦见自己的建议不受重视，就谎称自己身体欠佳，回老家休养去了。

李信一开始势如破竹，他和蒙恬兵分两路，两人各自攻占平与和寝丘，就在李信占领鄢（yān）、郢（yǐng），准备去城父和蒙恬胜利会师的时候，狡猾的楚军尾随在李信的身后，不分昼夜地跟踪秦军三天三夜。当李信率领的秦军安营扎寨、呼呼大睡的时候，楚军趁着夜色偷袭秦军军营，秦军猝不及防，被楚军打得大败，一连损失了七个都尉。

秦始皇知道李信战败的消息之后怒不可遏，他在冷静下来以后亲自坐车赶到频阳东乡，到王翦家中登门拜访，并向王翦道歉："我非常悔恨当初没有听从您的建议，让李信白白损失了这么多的人马，现在楚军逼近西边的国境线，我恳请您亲自率军出征，挽救秦国。"

王翦推辞说："我实在是年纪大了，大王还是另请高明吧。"

秦始皇用诚挚的口吻说："老将军还是不要推辞了，请您担任大将军吧。"

王翦说："如果大王真心想让我出征，那就一定要调拨给我六十万人马。"

秦始皇答应了王翦的要求，并在出征那天亲自送王翦到灞（bà）上。王翦在出发前曾多次向秦始皇索要豪宅和园林，甚至在行军途中，王翦一连五次让使者回咸阳向秦始皇索要田地，弄得王翦身边的人都开始劝诫王翦："您向大王无休止地索要田地，这种行为太过分了。"

王翦回答说："索要田产并不是我的本意，我们的大王猜疑心很重，现在全国一大半的军队都统归我的管辖，难保大王不对我产生猜疑。我这样无休止地索要田产，大王一定以为我胸无大志，只知道贪图享乐，以后就不会提防我了。"

来到前线的王翦并没有急于和楚军交战，他命令全军安营扎寨、坚守不出，楚军几次挑战都没能奏效。王翦也和士兵一样，每天只是好吃好喝，休养生息，完全不想和楚军战斗的事情。

过了一段时间之后，王翦询问身边的军官，士兵们每天都在干什么？军官回答说，士兵们每天以扔石头和跳远打发时间。王翦听完军官的报告以后，命令手下将士做好战斗准备。

楚军在屡次挑战秦军无果之后，便认为秦军胆小懦弱，逐渐放松了警惕。楚军大部队向东边转移，王翦抓住有利战机，尾随在楚军身后突然发起进攻，并组成一小部分敢死队率先冲入楚军军营。楚军一时间乱了阵脚，人马自相践踏、溃不成军，秦军一直追到蕲（qí）县城南，杀死了楚国名将项燕。过了一年，王翦又活捉了楚王负刍，楚国最终灭亡，变成了秦国的郡县。

秦始皇二十六年（前 221 年），秦始皇成功一统天下，王翦为秦国立下了汗马功劳，最后得以寿终正寝，他的事迹也被后人历代传颂。和白起相比，王翦为了秦国的统一而南征北战，不戕害无辜的生命。从这点来说，王翦是胜过白起的。

原典精选

其九月，秦复发兵，使五大夫王陵攻赵邯郸。是时武安君病，不任①行。四十九年正月，陵攻邯郸，少利，秦益发兵佐陵。陵兵亡②五校。武安君病愈，秦王欲使武安君代陵将。武安君言曰："邯郸实未易攻也。且诸侯救日至，彼诸侯怨秦之日久矣。今秦虽破长平军，而秦卒死者过半，国内空。远绝③河山而争人国都，赵应其内，诸侯攻其外，破秦军必矣。不可。"秦王自命，不行；乃使应侯请之，武安君终辞不肯行，遂称病。

——《史记·白起王翦列传》

注释

① 任：胜任。

② 亡：损失。

③ 绝：越过。

译文

这一年九月，秦国再次派遣军队，秦昭王让五大夫王陵率领军队攻打赵国都城邯郸。当时，武安君白起身染疾病，不能随军出征。秦昭王四十九年正月，王陵率军攻打邯郸，进展缓慢，秦国派出更多的军队驰援王陵。后来，王陵战败，秦军损兵折将，一共损失了五个校尉的人马。此时，武安君白起身体痊愈，秦昭王想让白起代替王陵担任将军一职。白起说："攻打赵国都城邯郸实在不是一件容易的事情，而且其他各个国家的援兵马上就要赶来增援，他们对秦国的怨恨由来已久。虽然我们现在在长平击溃赵国的军队，但是我们秦国的军队也损失一大半，国内的兵源空虚。除此以外，我们远离自己的国土而深入敌人的境内去攻打别国的都城，赵国的军队坚守不出，然后再趁机由内向外反攻，其余国家的援军从外向里进攻，如此一来，击败秦军是必然的事情，所以在我看来，这场战斗还是立即停止为好。"于是秦昭王亲自劝说白起担任将军，白起再次推辞不肯；秦昭王又让范雎前去劝说白起，白起依然借口推辞，不肯担任将军一职，于是就找了个生病的理由来搪塞。

知识拓展

寿终正寝：意指年老的人在家中自然死亡，现指一般事物的灭亡。

例句：这位心地善良的老人在睡梦中寿终正寝。

范雎

范雎是魏国芮（ruì）城人，著名的政治家和军事谋略家，在秦昭王时期担任秦国宰相。范雎最大的功绩在于提出了"远交近攻"的政治和军事策略，使原本并不是很强大的秦国经过一段时期的休整和发展之后，一举成为强国。后来，范雎在秦昭王面前失宠，被迫回到自己的封地应城，不久因病去世。

第六章 威震四方 悲情英雄——蒙恬

蒙恬出身将门世家，家族的荣耀在他的手中发扬光大。他忠心耿耿，一心为秦国效力，戎马一生，立下无数战功。令人遗憾的是，蒙恬身处秦国统治的末期，专权擅势的赵高处心积虑地排除异己。正因如此，刚正不阿的蒙恬有善始无善终，被赵高陷害服毒自尽，令人唏嘘不已。

一　出身将门

蒙恬出身将门世家，拥有显赫的家族背景，他的祖父蒙骜原本是齐国人，早年从齐国来到秦国投奔秦昭王，担任上卿这一官职。

蒙骜是一员猛将，他戎马一生，南征北战，先后率领秦国军队攻打赵国、韩国、魏国，大败三国军队，所向披靡，为秦国立下赫赫战功。

秦始皇七年（前240年），蒙骜去世，他的儿子蒙武继承父业，担任秦国副将军一职，他曾和秦国名将王翦一起攻打楚国，打败并杀死了楚国名将项燕，最终俘获楚王。

蒙恬就是出生在这样一个世代名将之家，从小深受家庭环境的熏陶，熟读兵书，立志报效国家。蒙恬因为其祖父和父亲留下的显赫声名而得到秦始皇的重用，被封为将军，开启了自己的戎马生涯。

很快，蒙恬就在战场上初露锋芒，他带领秦国军队讨伐齐国，打败齐军，凭借战功晋升为内史。蒙恬用实际行动维护了家族的荣誉与尊严。

秦始皇一统天下以后，等待蒙恬的是更加艰巨的任务。

二 威名远扬

统一天下的秦始皇还有一块心病未除，那就是北方游牧民族的频繁侵袭，因此他决意寻找一名得力干将戍守边疆，来维护边疆地区的稳定。

秦始皇深思熟虑之后，深信屡立战功的蒙恬能够担负起戍守边疆的重任。不久，秦始皇正式任命蒙恬统率大军驻守边疆，抵御游牧民族的入侵。

接到秦始皇任命的蒙恬即刻启程赶赴边关，他一边命令士兵们加紧操练武艺，一边派人修筑防御工事，时刻做好战斗准备。

蒙恬所采取的一系列措施收到了成效，经过漫长而艰苦的战斗，他不辱使命，率领三十万秦军击溃了长期盘踞在北方的戎狄，收复了一大片被敌人侵占的土地，为边疆地区带来了暂时的安宁。

在秦始皇看来，对游牧民族的军事胜利并没有一劳永逸地解决边疆问题，要想让边疆地区获得长久的稳定，必须要找出一个更好的解决办法。秦始皇经过苦思冥想之后，认为游牧民族的侵袭之所以屡屡得逞，根本原因在于以骑兵为主的游牧民族机动性很强，往往来无影去无踪，而以步兵为主的秦朝军队机动性较差，在战斗中经常处于下风。如果想扭转劣势，唯一的办法就是修筑一连串的防御工事。于是，秦始皇命令蒙恬征调民夫修筑长城，以抵御游牧民族的侵犯。

　　蒙恬在接到皇帝的指令之后征召了大量民夫，甚至有不少民夫是被强制押送来的，很多家庭因此妻离子散。蒙恬计划依据险要地势构筑长城，很多民夫在不舍昼夜的高强度劳作中丢掉性命，长城下面埋着无数民夫的尸骨。

　　民夫们用鲜血与汗水最后换来的是西起临洮（táo），东至辽东，全程长达一万多里的长城。

　　长城竣工以后，军事经验丰富的蒙恬采取灵活战术，化被动为主动，以长城为据点，多次率领军队主动出击攻打匈奴。经过十多年的塞外征战，蒙恬的威名令游牧民族闻风丧胆。

　　修筑长城是蒙恬一生当中最为闪耀的功绩之一，但是他为赶工程

▲固原秦长城遗址

进度而置民夫死活于不顾的做法也饱受后人诟病。

　　与此同时，蒙恬的弟弟蒙毅也不甘屈居人后，他在朝廷中官居上卿，经常向皇帝建言献策，凭着为人忠厚正直受到大家的尊敬。深受秦始皇信赖的蒙毅甚至享有和皇帝乘同一辆马车出行的殊荣，一时间，荣耀的光芒汇聚在蒙恬和蒙毅兄弟二人的头上。

　　不过谁也没有料到，一个将要改变蒙氏兄弟命运的人很快就要出现了。

三　悲情英豪

　　在秦国，秦始皇听闻有个叫赵高的人深谙各种刑狱律令，工作办事颇有才能，而渐渐提拔和重用他担任中车府令一职。赵高的父亲虽然是秦国王族的远亲，但是这层血缘关系并未给家人带来富贵和荣耀。恰恰相反，赵高的家族地位卑贱，他的几个兄弟也都在宫廷里做最低等的差事。

　　也许是长期以来屡受他人轻视与冷落的缘故，赵高对权力的痴迷到了无以复加的地步，他为人阴险狡诈、野心勃勃，善于攀附关系，甚至为了获取权力而不择手段。赵高暗中亲近秦始皇的次子胡亥，利用教导胡亥如何审判案子的方式，得到胡亥的信任和宠爱。

　　秦始皇的长子扶苏性格刚正不阿、忠厚善良，因屡次上书谏言冒犯秦始皇而被秦始皇派遣到蒙恬的军中担任监军，驻守在边关上郡。

▲北京金山岭长城

天有不测风云，如日中天的赵高后来因触犯法律被皇帝问罪，秦始皇让蒙毅依照法律惩治赵高。蒙毅奉皇帝的旨意秉公执法，剥夺赵高的官职并判处他死刑。但是秦始皇念及旧情，决定对赵高网开一面，不仅免除了他的死罪，还官复原职。

被秦始皇赦免的赵高非但没有诚心悔过，反而对审判他的蒙毅恨之入骨，暗自发誓有朝一日将报复蒙毅。

前210年冬天，巡游天下的秦始皇在途经沙丘时一病不起，预感情况不妙的秦始皇给长子扶苏写下一封亲笔信，让扶苏即刻返回都城咸阳，准备迎接灵车，继承皇位。

秦始皇写完这封信后没多久便撒手人寰（huán），为了不引起大家的恐慌，只有秦始皇身边的几个心腹知道皇帝驾崩的事情，其中包括赵高。

阴险的赵高觉得谋权篡逆的时机已经来临，胆大包天的他一面私自扣留书信和皇帝的印玺，一面游说胡亥继承皇位："现在天下大权尽在你我和丞相李斯手中，机不可失，希望您当机立断。"赵高的反复诱劝起到了效果，胡亥同意了赵高的阴谋。

随后，赵高胁迫丞相李斯："如果公子扶苏继承王位，他一定重用蒙恬为相，那您的处境可就危险了。如果您同意立胡亥为王，我可以保证您和子孙享有无尽的荣华富贵。"优柔寡断的李斯在赵高的威逼利诱下，最终站在了赵高这边。

工于心计的赵高决定先除掉手握重兵的公子扶苏和大将蒙恬，为此他谎称秦始皇临终前留有诏书一封，指定胡亥继承皇位。

　　同时，赵高又伪造了一封秦始皇的亲笔信，派遣使者赶往上郡，将此信交到公子扶苏手中。赵高在信中假借秦始皇的口吻责怪公子扶苏和大将蒙恬戍边不力，耗费国力，责令二人自杀谢罪。

　　忠厚老实的公子扶苏读完信后立刻要拔剑自杀，小心谨慎的蒙恬察觉出此事颇有蹊跷，他劝诫公子扶苏："现在情况尚不明朗，不可贸然行事，等回到咸阳把事情真相调查清楚再自杀也不迟。"

　　公子扶苏回答道："父亲的指令做儿臣的照办就是，不需要询问理由。"

　　说完这句话，一意孤行的公子扶苏便拔剑自刎（wěn）。而蒙恬不肯轻易自杀，他不相信秦始皇会写下这样毫无道理可言的书信，使者在无奈之下只好将蒙恬囚禁于阳周县等候胡亥的发落。

　　此时，奉秦始皇指令去外地祭祀（sì）山川的蒙毅对皇帝去世的消息毫不知晓，等他一回到咸阳，立刻被人囚禁在代地。对蒙毅痛恨已久的赵高欲借秦二世胡亥之手公报私仇，在胡亥面前诋毁蒙毅："我听说蒙毅曾经劝阻先帝让您成为太子，这是对您不忠的表现。"赵高的这番说辞挑起了胡亥对蒙毅的杀心，胡亥派遣使者曲宫前往代地杀掉了蒙毅。

　　紧接着，心狠手辣的胡亥为避免后患而选择斩草除根，派遣使者赶往阳周县杀掉蒙恬。

　　使者抵达阳周县以后，向蒙恬说明了来意。对皇帝忠心耿耿的蒙恬在听完使者的话之后说道："我从年轻时起，便一心侍奉君主，从来没有违抗过君主的旨意，无端杀戮（lù）无辜者是没有道义的行为，请您回去禀告皇帝，请皇帝仔细考虑一下吧。"

奉命行事的使者对蒙恬的话无动于衷，在使者的逼迫下，走投无路的蒙恬在绝望中服毒药自杀，一代名将黯然陨落。

后来，小人得志的赵高也没有落得好下场。秦王子婴即位后，对赵高长期把持朝政非常痛恨，设计杀死赵高，结束了他胡作非为的丑恶的一生。

蒙恬的死就像一面镜子，照出了秦国末期的政治黑暗与没落。纵使秦王子婴杀掉赵高也无济于事，此时的秦朝已经是强弩之末，很快，秦国就在农民起义的浪潮中灰飞烟灭。

原典精选

始皇二十六年，蒙恬因①家世得为秦将，攻齐，大破②之，拜为内史③。秦已并④天下，乃使蒙恬将三十万众北逐⑤戎狄，收河南。筑长城，因地形，用制险塞，起临洮，至辽东，延袤万余里。于是渡河，据阳山，逶蛇而北⑥。暴师于外⑦十余年，居上郡。是时蒙恬威振匈奴。始皇甚尊宠蒙氏，信任贤之。而亲近蒙毅，位至上卿，出则参乘，入则御前。恬任外事而毅常为内谋，名为忠信，故虽诸将相莫敢与之争焉。

——《史记·蒙恬列传》

注释

① 因：凭借。

② 破：打败。

③ 拜为内史：被皇帝封为内史。

④ 并：统一。

⑤ 逐：驱赶。

⑥ 逶蛇而北：行军队伍像游动的长蛇一样向北前进。

⑦ 暴师于外：带领军队在塞外风餐露宿，南征北战。

译文

秦始皇二十六年，蒙恬凭借将门出身，能够担任秦国将领，率领军队攻打齐国，击败齐军，被皇帝提拔为内史。与此同时，秦国已经统一天下，秦始皇于是派遣蒙恬率兵三十万驱逐北方的戎狄，收复黄河以南的失地。接着修筑长城，以临洮为起点，以辽东为终点，沿着险要的山川地势，绵延一万多里。蒙恬又率领军队渡过黄河，据守阳山，行军队伍像蛇移动那样逶迤北行去征讨匈奴。队伍风餐露宿地在外奔走了十多年，最终驻守在上郡。当时蒙恬的威名远播到了匈奴，蒙氏兄弟很受秦始皇的尊宠和信任，被视为贤能之臣。蒙毅能够和皇帝亲近，官职做到上卿，出行则与皇帝同乘一辆车子，入朝则站在皇帝的身边。蒙恬负责外面的事务而蒙毅经常在朝中出谋划策，他俩被誉为忠信大臣，因此朝廷中的将相都不敢和他俩争名夺利。

知识拓展

孟姜女哭长城

相传，在秦朝时期，有一对新婚燕尔的夫妻，在婚后第三天，丈夫范喜良就被强行征召为民夫，去边关修筑长城。妻子孟姜女每日以泪洗面，望眼欲穿。冬季来临，思夫心切的孟姜女在家为丈夫缝制棉衣棉被，然后跋山涉水，千辛万苦来到长城脚下。不幸的是，孟姜女从其他民夫的口中得知，丈夫范喜良因过度劳累，已经离开人世。伤心欲绝的孟姜女哭声震天，她的哭泣让长城崩塌了八百里。最后，心如死灰的孟姜女来到海边投海自尽。

撒手人寰：意指离开人间，遭受死亡。

例句：有一对恩爱的老夫妻，在妻子逝世后不久，丈夫也撒手人寰。

望眼欲穿：眼睛都要望穿了，意指深切企盼，迫切想念。

例句：一位出国深造的年轻人即将完成学业，家人对他的归来望眼欲穿。

第七章 足智多谋 军中儒将——韩信

韩信，西汉的开国功臣，位列『汉初三杰』『兵家四圣』，被后人奉为『兵仙』『神帅』。他的一生堪称传奇，他早年因游手好闲而饱受别人的冷眼与轻视，后投奔项羽，再投刘邦，幸得萧何慧眼识珠，他才得以被刘邦委以重任。韩信在战场上横扫千军万马，独当一面，威震四方。

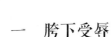

一 胯下受辱

韩信出生在淮阴县一个贫寒之家。年轻时的韩信整天无所事事、不务正业，一天到晚在街上闲逛，在附近一带声名狼藉，使得他既不能去担任官吏，又不能凭借辛勤劳动养活自己，他索性选择到别人家去蹭饭吃，正因如此，许多人都很厌恶他。当时南昌亭亭长非常看好韩信，韩信经常到南昌亭亭长的家里蹭饭吃，每次都瞅准饭点不请自来，连续这样长达几个月之久。亭长的妻子非常讨厌韩信，为了摆脱韩信，她改变做饭时间，在天还没亮的时候就把饭做好并吃完。毫不知情的韩信还是按照以往的时间来亭长家蹭饭，他理所当然地吃了闭门羹。后来，弄清事情真相的韩信很生气，从此以后再也不去亭长家了。

一天，饥肠辘辘的韩信坐在城外的河边钓鱼，周围有一群正在洗衣服的妇女。一位好心的老妇人不忍心看韩信忍饥挨饿的可怜相，便把自己携带的食物分给他吃。就这样，韩信一连几十天都依靠这位老妇人的供给而存活，韩信非常感谢这些天来老妇人对自己的施舍，便说："等我将来飞黄腾达以后一定要重重地报答你。"

老妇人在听到这番话后非常生气，她说："我是可怜你才好心施舍你，你身为堂堂男子汉大丈夫，连自己都养活不了，何谈报答我呢？"老妇人说完便转身离去。

▲清·任伯年《漂母饭信》

▲韩信像（清人绘）

当时，淮阴县市场上有位卖肉的屠夫，非常瞧不起韩信游手好闲的模样。一天，当韩信路过菜市场时被屠夫拦住去路，屠夫对韩信说："别看你每天腰挎刀剑上街，其实你是个贪生怕死的家伙。"这时，围观的人越聚越多，屠夫愈发来了兴致，他当着大家的面冲韩信说道："你要是有胆子就拿刀杀了我，如果没胆量就从我的胯下钻过去。"

韩信站在原地思索了半天，最终选择双膝跪地，从屠夫的胯下钻了过去。人们见到这番情景，更加嘲笑韩信，认为韩信是个懦夫，将来一事无成。

秦末天下大乱，各路起义军纷纷揭竿而起，当时著名的起义军首

▲清·任伯年《韩信胯下受辱图》

领项梁带领队伍来到淮北一带招兵买马，走投无路的韩信选择投奔项梁。在项梁被秦将章邯杀死以后，韩信跟随项羽。他曾多次向项羽进言献策，但都被目中无人的项羽所忽视，而韩信本人也只在项羽帐下担任侍从。

后来，当刘邦被项羽排挤，被打发到偏远的巴、蜀、汉中三地去担任汉王的时候，韩信瞅准时机投靠了刘邦，可他依然没有受到刘邦的赏识和重用，只是被安排做管理粮草的工作。

有一次，韩信和一群人犯了死罪，其余的十三个人已经被砍头，下一个被斩首的就是韩信了。在命悬一线的瞬间，韩信对刘邦的车夫夏侯婴说："汉王既然想赢得天下，那为什么要杀掉壮士呢？"

夏侯婴听完韩信的话觉得此人谈吐不凡，又瞧见他仪表堂堂，于是就让人赦免韩信的死罪，并向刘邦举荐韩信。刘邦便让韩信担任治粟都尉，一段时间下来，刘邦并未觉得他有什么过人之处。

此时，韩信和刘邦的老乡萧何私交甚好，他俩经常在一起闲聊，萧何对韩信颇为赏识。这时，刘邦正率领手下前往封地南郑，因南郑地处偏远、道路崎岖，很多将领和士兵都开了小差，总共有几十位将领悄悄溜走了。刘邦抵达南郑后，韩信觉得即使有萧何的竭力推荐也无济于事，在心灰意冷之下选择不辞而别。

萧何听说韩信走了，顾不得向刘邦请示，便擅自骑马追赶韩信。与此同时，刘邦得到手下禀报，说丞相萧何也逃走了，刘邦知道后很生气，一时间六神无主。没想到过了一两天，萧何带着韩信回来了，在萧何向刘邦解释清楚事情的原委之后，刘邦问道："逃跑的将领有几十个，为什么你要去追韩信呢？"

萧何不紧不慢地说："您要想赢取天下就必须重用韩信，其他的将领随时可以再找，而韩信却是独一无二的人才。"

之后，刘邦按照萧何的建议择吉辰良日，用盛大的典礼来拜韩信为大将军。册封仪式结束后，刘邦向韩信请教当今天下的局势问题，韩信分析得条理清晰、头头是道，刘邦一听立刻产生了与韩信相见恨晚的感觉。经过一番交谈，刘邦明确了下一步的行动计划，并依照韩信的计划向将领们下达作战任务。

汉高祖元年（前206年）八月，刘邦领兵从陈仓小路出击，收复了三秦，随后又东出函谷关，收复魏国和河南国，后来又率军攻击项羽，最终被项羽击败并困于荥（xíng）阳。这时，韩信和刘邦兵分两路，韩信带领另外一支部队攻打项羽的手下魏豹，经过交战，韩信生擒魏豹。随后韩信收复代国，活捉代国丞相夏说。

在战场上势如破竹的韩信遇到了一道难题，他该如何对付赵国的二十万精兵呢？

二　背水一战

韩信和张耳带领几万士兵东出井陉（xíng）口，准备攻打赵国，赵王赵歇和成安君陈馀率领二十万军队准备迎战。赵国有个名叫李左车的谋士，他对陈馀说："韩信的军队现在是锋芒毕露、势不可当，但是他存在一个致命的弱点，那就是长途跋涉、舟车劳顿，士兵疲惫不堪，尤其是粮草紧缺。井陉地势险要，道路最狭窄的地方容不下两人并行，如果您调拨三万士兵给我，我带领他们袭击韩信军队的粮草辎重，那我们就会大获全胜，而您只需要在正面加强防御，抵挡住敌人的进攻即可。"

陈馀是一个迂腐的书生，只知道机械地照搬兵法，他说："仁义之师从不用诡计，况且我们的兵力是韩信的几倍，我们要面对面和韩信决一死战。"陈馀终究没有采纳李左车的妙计。

这时，韩信通过安插在陈馀身边的密探获悉李左车的计谋被弃之不顾，大喜之余，他命令军队火速前进，在距离井陉口还有三十里的地方休整歇息。半夜，韩信挑选两千名轻骑兵，分给他们每人一面红旗，让他们顺小路秘密上山，在山顶隐蔽窥视赵军军营的动静，并对他们说："一会儿交战的时候，我引军佯装败退，敌人一定会倾巢而出抢夺战利品，你们要趁机冲进敌人的军营，把旗帜插在敌人的军营里。"接着，他又下令说："等我们今天打败了敌人再好好吃顿早饭。"韩信手下的将士们都对他的话感到莫名其妙，大家心想：连能否活命都难说，哪里还有心思去想吃早饭的事情！

不仅如此，让大家感到匪夷所思的事情还在后面。韩信让军队出井陉口，并且全军渡过河流，在河的东岸排兵布阵。这下可把赵军乐坏了，他们暗自嘲笑韩信连最起码的军事常识都不懂，哪有背水列阵等待敌人主力攻击的？没多久，双方便正式交战，汉军在韩信的授意下佯装败退，一直退到停泊在河岸边的船只上。果然，赵军为抢夺战利品倾巢而出，埋伏在山顶的两千名轻骑兵伺机而动，以闪电般的速度骑马冲进赵军军营，迅速拔掉赵军的旗帜，插上己方的红旗。现在，退到船上的汉军已经无路可走，纷纷转过身来和敌人殊死搏斗，赵军在勇猛的汉军面前抵挡不住，向自己的军营撤退。令赵军出乎意料的是，己方的军营已被汉军骑兵捷足先登，插满了汉军的旗帜，赵军瞬间军心大乱，士兵们四散逃走、溃不成军。

战斗的结果是韩信大败赵军，陈馀被杀死在泜（zhī）水，赵王歇被韩信生擒。谋士李左车也被人押送到韩信帐下。韩信十分敬重李左车，他亲自为李左车松绑，并奉李左车为座上宾，以对待老师的礼节对待李左车。李左车在韩信的款待下渐渐消弭了敌意，投靠了汉军。

这时，将领们纷纷来到韩信的帐下，祝贺他取得辉煌的胜利，大家向韩信提出困惑已久的疑问："兵法上常说排兵布阵要右面和背后靠山，前面和左面靠水，而您今天却让我们背靠河水列阵，这是什么道理呢？"

韩信解答道："我采取的策略在兵法上提到过，只不过你们没有注意罢了，兵法上说把人放置到绝境中才能激发他求生的欲望，而我今天率领的都是临时拼凑起来的队伍，只有把他们赶入绝境才能激发他们和敌人以死相拼的斗志。"大家听完韩信的解释，对他的军事才能佩服得五体投地。

巨大的胜利并没让韩信昏了头脑，他正在盘算下一步该如何行动，而李左车的建议让他茅塞顿开，为接下来的一连串胜利奠定了基础。

三 水淹楚军

在收复赵国以后，韩信打算一鼓作气向北攻打燕国，向东进攻齐国，就在这时，李左车给热情高涨的韩信泼了一盆冷水，他劝阻韩信："您的军队经过长时间征战已经疲惫不堪，粮草紧缺是一个大问题。如果我们攻打燕国，燕国一定坚守不出，倘若我们不能在短时间内攻占燕国的话，就会陷入无止境的拉锯战，这恰好中了敌人的下怀，因为敌人也料到粮食短缺是我们的致命弱点。一旦无法顺利占领燕国，那占领齐国就更是奢望了。"

韩信问道："那您有什么好的对策吗？"

李左车说："用兵的最高境界就是用自己的长处攻击对手的短处，您不妨让将士们在赵国歇息整顿，好好安抚赵国的百姓，让他们诚心归附汉军。然后再派人去游说燕国，我相信燕国必定会不战而降。"

一段时间过后，韩信按照李左车的建议派遣使者游说燕国，燕国迫于汉军的强大实力选择开城投降。

随后，韩信领兵向东攻打齐国，没想到刘邦派遣的使者郦食其捷足先登，他凭借三寸不烂之舌成功劝降了齐国。韩信正打算停止前进，他身边有个名叫蒯（kuǎi）通的辩士说："您怎能让一个说客凭借口舌就轻易拿下齐国七十多座城池，而您征战一年才拿下赵国五十多座城池，难道您还不如一个书生吗？"

　　韩信觉得蒯通言之有理，于是下令火速行军攻打齐国。韩信的举动可害惨了郦食其，他正准备出席齐国为他操办的宴席，汉军的进攻让齐国人十分恼火，他们觉得受了郦食其的蒙骗，倒霉的郦食其被齐王田广用开水煮了。

　　接着，齐王田广派使者向项羽求救，于是项羽派遣手下得力猛将之一龙且带领二十万楚军气势汹汹地驰援齐国，龙且的楚军和齐王田广的军队合在一起，准备和韩信决一死战。

　　龙且在出发前得到项羽的亲口承诺，如果成功援救齐国的话，齐国一半的土地划归龙且所有，因此贪功心切的龙且不顾身边人的劝说，一心想消灭掉韩信。

　　勇猛有加而谋略不足的龙且哪里是韩信的对手？韩信表面上让军队隔着潍（wéi）水与楚军对峙，暗中派人赶制一万条大口袋，里面装满沙土，让士兵背着装满沙土的口袋前往潍水上游堵住河水。一切就绪以后，韩信让一半军队走过潍水与楚军交战。交战没多久，韩信故技重施，再次佯装败走，而建功心切的龙且哪里知道这是韩信的计谋，他率军紧紧追赶汉军，当一大半楚军过了潍水之后，韩信命人在上游掘开沙袋，汹涌的河水瞬间淹没了过河的楚军，汉军趁机回头猛攻，楚军一时间阵脚大乱。最终，龙且战死，二十万楚军灰飞烟灭，齐王田广也趁乱逃走。

　　没多久，韩信便彻底征服齐国，当时身处困境的刘邦为了拉拢韩信，不得已派张良为使者，前往齐国封韩信为齐王。

▲韩信登坛拜将（出自《马驼画宝》）

四　身死族灭

当韩信在齐国称王手握重兵之时，项羽和刘邦依然僵持不下，他俩谁也没有能力把对方消灭。现在，实力雄厚的韩信成为各方极力拉拢和关注的对象。项羽在龙且被杀之后，派使者武涉前去游说韩信。武涉赶到齐国面见韩信，对他说："刘邦出尔反尔率先挑起战争攻打项羽。不仅如此，刘邦曾几次落入项羽的手中，多亏项羽宽宏大量饶过刘邦的性命。如今天下大势的走向全操控在您的手里，如果您投靠项羽，则项羽夺天下；如果您投靠刘邦，则刘邦夺天下。再说，刘邦这个人猜疑心很重，一旦项羽失败了，那么下一个被收拾的就是您了，所以我希望您能仔细考虑一下和项羽联合这件事。"

韩信说："先前我投靠项羽的时候不受重视，在我投靠刘邦的时候，刘邦册封我为大将军，我时刻想着刘邦对我的恩情，所以我是不会和项羽联合的。"武涉见韩信态度坚决，便不好再说什么，于是起身告辞了。

没过一会儿，辩士蒯通求见韩信，他对韩信说："我曾经学过占卜术，可以通过您的面相、骨相和气色来算命。我从您的骨相看出来您以后贵不可言，但从您的面相看，您以后最多成为一个侯爵，并且还有灭顶之灾。"

韩信听完连忙问蒯通这是什么道理，蒯通继续说道："现在天下的百姓都被战争弄得怨声载道，您凭借手里的军队安抚民心，凭借您的智谋夺取天下，到那时候全天下的人都会向您俯首称臣。"

韩信面对蒯通的劝说无动于衷，蒯通后来又多次劝说韩信，结果毫无进展，心灰意冷的蒯通为了躲避灾祸，选择扮成巫士云游天下去了。

后来，项羽在垓下兵败自刎，刘邦一统天下以后，韩信被封为楚王。韩信私下里窝藏项羽的部将钟离眜（mò），这个钟离眜以前屡次击败刘邦，把汉军打得狼狈不堪，因此刘邦非常痛恨他。不知是谁向刘邦告密说韩信有造反的企图，于是刘邦假借去云梦泽巡游之名，将诸侯召集到陈郡，打算借机把韩信调离楚国软禁起来。

韩信识破了刘邦的真实意图，这时有人献计说："刘邦最痛恨的人是钟离眜，如果您杀掉此人，刘邦一定会认为您是忠诚的。"

韩信觉得很有道理，便和钟离眜商量此事，钟离眜听完破口大骂道："你真是个不讲道德的小人，如果我的死对你有帮助，那我就死掉好了！"说完，悲愤交加的钟离眜拔剑自刎。韩信带着钟离眜的首级来到陈郡，刘邦立刻让人把韩信监禁起来，随后韩信被武士押送到洛阳，刘邦将他贬为淮阴侯。

几年后，刘邦封陈豨（xī）为赵国丞相，统领赵、代两国的军队。临行前，韩信对陈豨密谈道："您现在的地位让很多人妒忌，不久后一定有人会诽谤说您造反，皇帝刚开始是不会相信的，但时间久了也就信以为真了。如果日后皇帝真的领兵攻打您，我愿意在京城响应您，到时候天下就是您的了。"

事情的发展正如韩信所料，汉高祖十年（前197年）陈豨起兵造反，刘邦亲率大军平叛，韩信履行和陈豨的密约，在京城网罗一些奴隶和罪犯，把他们武装起来准备攻打皇宫。没想到韩信家中的一个门客跑进宫中向刘邦的妻子吕后告密，说韩信准备起兵造反。吕后和萧何经过商量制定出一个计策，派一名使者假装是从前线归来，带来叛乱已被平息、陈豨已被斩首示众的假消息，让百官入朝庆贺。

不明就里的韩信和其他官员一起来到皇宫，他刚一迈进长乐宫的大门，就被埋伏在四周的士兵俘获。吕后怕夜长梦多，即刻命人将韩信押到一间屋子里将他杀死。紧接着，吕后为不留后患，诛杀了韩信三族。

在战场上叱咤风云的韩信就这样落得个身死族灭的悲惨下场。韩信的一生堪称大起大落，从功高震主到身死族灭，造成这种下场的原因在于韩信一味地认为自己居功甚伟，理应受到刘邦的敬重。可是他忽略了一点，那就是在楚汉相争时期，韩信的军事力量是刘邦和项羽争相拉拢的对象，一旦项羽兵败身亡，韩信就成为刘邦的心腹大患。可惜的是，韩信聪明反被聪明误，始终未能看清这一点。

原典精选

　　诸将效首虏，毕贺，因问信曰："兵法右倍①山陵，前左水泽，今者将军令臣等反背水阵，曰破赵会食，臣等不服。然竟以胜，此何术也？"信曰："此在兵法，顾诸君不察耳。兵法不曰'陷之死地而后生，置之亡地而后存'？且信非得素拊循②士大夫也，此所谓'驱市人而战之③'，其势非置之死地，使人人自为战；今予之生地，皆走，宁尚可得而用之乎！"诸将皆服曰："善。非臣所及也。"

——《史记·淮阴侯列传》

注释

　　①倍：通"背"，靠着。

　　②拊循：抚爱，这里指平日里有上下级关系。

　　③驱市人而战之：比喻带领一群临时拼凑起来的人去打仗。市人：集市上的人，比喻素不相识的陌生人。

译文

　　韩信手下的将领们纷纷向他献上敌人的首级和擒获的俘虏，在他们向韩信祝贺战斗胜利之后，便开始询问韩信："兵法上常说排兵布阵要右面和背后倚靠山脉，前面和左面要接近水源，可是将军您反其道而行之，让我们背靠河水摆开阵势，还说击败赵军以后一起吃饭，我们大家当时都不服气。然而最终凭借您的计策获得了胜利，您采取的究竟是什么战术呢？"

韩信说："我采取的战术原本在兵法上就有，只不过你们没有发现而已。兵法不是经常说'陷入死地中的人拼死而获得重生，进入亡地中的人亡命而得以存活'？况且我带领的这些部队是临时拼凑起来的，这就是所说的'指挥一群集市上的人上战场打仗'，在这种情势下就必须把他们放置到死地当中，让他们为自身的性命安危而战；如果我今天把他们放到有退路的地方，他们一定一哄而散，那我还能指望他们和敌人殊死搏斗吗！"诸位将领听完都钦佩地说："对啊！这些都是我们没有想到的。"

知识拓展

萧何

萧何是沛郡丰邑人，年轻时担任沛县县吏。他不仅和汉高祖刘邦是同乡，还与西汉的开国功臣樊哙、曹参、夏侯婴、周勃等人是挚友。在楚汉相争时期，萧何主要掌管汉军的粮草、征兵、税收等后勤工作，刘邦之所以能够在屡战屡败的情况下，最后顺利完成对项羽的垓下之围，很大程度上得益于萧何对汉军后勤补给的有力保障。汉朝建国初期，萧何担任宰相一职，他同张良、韩信一道被汉高祖刘邦誉为"汉初三杰"。

大风歌

汉·刘邦

大风起兮云飞扬。

威加海内兮归故乡。

安得猛士兮守四方！

此诗是汉高祖刘邦在前196年十月率军成功平定九江王英布叛乱以后，返程途中经过家乡沛县时的即兴之作。当时，汉朝建国不久，国家内部尚未安定，许多诸侯时刻窥伺朝廷的动向，各自怀有夺权的野心。刘邦虽享有开国皇帝的无上荣耀，但是通过这首诗不难感受到他在面对国家内部的隐患时所表露出来的惆怅与担忧。

第八章 楚地义士 千金难求——季布 栾布

季布是西楚霸王项羽手下的一员猛将，在楚汉相争时期，汉王刘邦在他的面前曾落荒而逃。汉王登基，季布被迫隐姓埋名逃亡异乡。后亏恩人相助，他得到汉王的赏识与重用。他敢于直谏、信守诺言，为后世留下『季布一诺』的佳话。

和季布一样，项羽手下的栾布也是一位信守承诺的忠义之士，他愿为自己的救命恩人献出自己的生命。在刘邦面前他仗义执言、据理力争，为西汉的安定贡献出自己的一分力量。

一 隐姓埋名

季布出生于楚地，为人仗义执言，喜好打抱不平，看见别人有困难就乐于出手相助。因此，季布在楚地很受人们的尊敬和爱戴。在秦末战乱年代，季布跟随项羽四处征战，曾多次击败汉军，甚至有几次差点活捉刘邦。

到了汉初时期，刚上位的刘邦想起自己曾几次在季布的打击下丢盔卸甲、狼狈不堪，于是很生气，向全国发出通缉令，如果有谁敢包庇、窝藏季布的话，就满门抄斩、诛灭三族。

季布为了躲避开杀身之祸，在濮阳县一户姓周的人家中躲藏起来。随着时间的推移，刘邦对季布的搜查越来越紧迫。一天，周家的主人对季布说："您现在的处境很危险，如果官吏搜查到这里的话，您一定会有暴露的危险，我为您想出一个好主意，希望您能按照我的指示去做。"季布答应了他。

接着，周家主人剃光了季布的头发，在他的脖子上套上一个铁圈，给他换上一套粗陋的破旧衣服。季布在主人的乔装打扮下，完全是一副奴隶的模样，然后，周家主人立即将他和另外几十名奴隶装进出殡用的灵车，押送到鲁国卖给了朱家。朱家在鲁国喜好行侠仗义、扶危济困，在当地颇有名望。朱家的主人见季布相貌不凡、仪表堂堂，心里便明白这个人应该就是正被朝廷悬赏通缉的季布。所以，朱家主人吩咐他的儿子们："千万不要轻视、怠慢这位客人，你们应该把他当作家人对待，让他和你们吃一样的饭菜，住一样的屋子。"慢慢地，季布在朱家这里住了下来，每天都享受优厚的招待。

过了一阵子，朱家主人乘坐马车来到洛阳求见老朋友汝阴侯夏侯婴，夏侯婴一连几天设宴招待朱家主人。有一天，当朱家主人和夏侯婴开怀畅饮的时候，朱家主人漫不经心地对夏侯婴说："陛下为什么要花费这么大的力气来追捕季布？"

夏侯婴回答说："您有所不知，季布以前曾经几次把陛下打得走投无路，因此陛下非常痛恨他。"

朱家主人继续问道："那么您觉得季布这个人怎么样？"

夏侯婴说："在我看来，季布确实是一个有本事的人。"

朱家主人说："季布当时也是为自己的主人效忠，难道所有以前为项羽效力的人都应该被杀死吗？现在国家刚刚建立，正是需要人才的时候，陛下为了个人的恩怨而索取有才能的人的性命，这心胸是多么的狭隘啊！换句话说，如果陛下紧追季布不放，季布被陛下逼急了，他很有可能逃到匈奴或南越，到那时候，他就是国家的祸患了。为什么您不去劝说陛下，让他充分利用季布的才能，而不是把他变成敌人呢？"

朱家主人说完，夏侯婴便猜到了季布很有可能藏匿在朱家，于是满口答应说："好的，我有机会一定当面向陛下为季布求情。"

果然，夏侯婴找了个机会劝说刘邦，刘邦也觉得夏侯婴言之有理，就宣布赦免了季布的罪过，并任命季布为郎中（皇帝的侍从官）。

从此，季布不再东躲西藏、惶恐度日，他光明正大地成了朝廷的官员，为汉朝贡献着自己的一分力量。

二　重见天日

在汉惠帝时期，季布官居中郎将。有一次，匈奴的单于冒顿写信给吕后，他在信中用粗鲁的言辞辱骂吕后，惹得吕后大为光火。随即，吕后召集众多将领商议讨伐匈奴的事情。

当时，上将军樊哙信口开河道："如果调拨给我十万人马，我保证把匈奴人杀得片甲不留！"

樊哙说完，大家随声附和表示同意，连吕后也被樊哙说得心动起来。然而，只有季布反对道："樊哙犯了欺君的死罪，应该斩首！因为当年汉高祖刘邦亲率四十多万大军征讨匈奴，尚且被匈奴人击败并围困在平城，樊哙如何能够凭借十万人马荡平匈奴呢？这就属于当面撒谎！容易导致天下动荡不安，其居心何在？"

季布的话震惊了在场的所有人，吕后见商议无果，只好宣布退朝，攻打匈奴的事情就这样告一段落。

后来，到了汉文帝时期，季布官居河东郡守，有人向汉文帝举荐季布，称赞季布是一位有才能的人，所以文帝让季布进京，打算提拔他为御史大夫。与此同时，季布即将官居要位引起了别人的嫉妒与怨恨，有人在汉文帝面前诽谤季布，说季布平日喜欢饮酒，常常酒后要酒疯，别人都很厌恶他，汉文帝听说以后就对季布心怀猜忌。当季布进京之后，汉文帝没有马上召见季布，而是让他在招待所里住了一个月，然后才召见他。汉文帝见到季布后只是说了一些客套话，就让季布返回河东郡。

季布临行前对汉文帝说：“陛下您不可能无缘无故地要求见我，这一定是有人说了我的好话，您才愿意见我。在我来到这里以后，您又不肯见我，这一定是有人在您面前说了我的坏话，您才推迟见我。我担心天下的有识之士会看出陛下的反复无常和轻信谣言而对您大失所望。”

汉文帝听了季布的话之后觉得很惭愧，好半天没有说话，最后才说：“河东郡是战略要地，我是担心河东郡的安危才特地召你进京。”无奈的季布只好返回河东郡。

当时，楚地有一位名叫曹丘的辩士，他喜好结交权贵，大肆收敛钱财。曹丘的所作所为传到季布的耳中，因此季布非常厌恶他。没想到曹丘执意要结识季布，写了一封信让人交给季布，然后亲自登门拜访。季布知道曹丘要来，事先摆出一副气势汹汹的架势，曹丘来到季布府上，对着季布作了个揖，开口说道：“楚地的人们都夸口称赞您信守诺言、诚信待人，都说‘得黄金百斤，不如季布的一句承诺’。我很好奇您是怎样得到这个名声的？我也是楚地人，如果在我四方游历的时候向别人传播您的好名声，这对您有什么坏处呢？我不明白您为什么要讨厌我呢？”

曹丘说完，季布觉得他说得很有道理，于是挽留曹丘在家中住了好几个月，每天好吃好喝地招待他。季布在楚地的声望之所以这么大，在很大程度上要归功于曹丘的宣传。

最终，季布再也没有得到皇帝的重用，他一直担任河东郡郡守，直到与世长辞。当时，还有一位名叫栾布的梁地人，和季布有着相似的人生遭际，也同样拥有着和季布一样的好名声。

三 忠义之士

栾（luán）布是梁地人，早年家境贫寒，依靠去齐地当雇工谋生，他曾和彭越有交往。几年之后，天下反秦的起义军纷纷揭竿而起，彭越也跑到巨野泽做了强盗，而栾布却被人当作奴隶贩卖到燕国。

之后，栾布在燕国投靠燕将臧荼，顺利当上都尉，等到西汉初年臧荼成为燕王以后，栾布又被提拔为将军。后来，燕王臧荼起兵造反，失败之后，栾布被当作俘虏关押起来。此时，已经是梁王的彭越及时向汉高祖刘邦说明了自己和栾布的关系，请求刘邦释放栾布，刘邦答应了彭越的请求。随后，彭越花钱赎出栾布，并邀请栾布前往梁国，任命他为大夫。

当刘邦诱骗彭越进京，并宣布彭越有谋反的野心而将他杀害的时候，栾布正奉彭越的命令出使齐国。刘邦把彭越的首级悬挂在洛阳的城门上，并威胁道："任何敢为彭越收尸的人都将被投进监狱！"

从齐国归来的栾布在得知彭越遇害之后，立刻来到洛阳城下，对着彭越的首级痛哭流涕，并准备祭奠彭越。负责看守的官吏逮捕了栾布，并把这一情况报告给了刘邦。

栾布被押解到刘邦面前，刘邦厉声斥责道："你明明知道我不允许任何人为彭越收尸，你却祭奠他，还为他哭泣，难道你也要和他一起造反吗？"说完，刘邦便要命人把栾布扔进大锅用开水煮死。

这时，栾布说："当年您在彭城被项羽打得大败，被围困在荥阳和成皋的时候，正是因为彭越在梁地牵制着项羽的兵力，才使得您没有被项羽消灭。现在，仅仅因为彭越没有按照您的要求在梁国征兵，您就怀疑他企图造反，不分青红皂白地将他杀害，这样一来，所有的功臣都要朝不保夕了。我的话说完了，请您下令行刑吧。"刘邦觉得栾布的话很有道理，于是释放了栾布，并让他担任都尉一职。

汉景帝时期，对朝廷积怨已久的吴王刘濞（bì）联合其他几个诸侯国兴兵反叛（史称"七国之乱"）。一时间，二十万叛军气势汹汹地向四处进攻。由于之前汉景帝对吴王刘濞心存幻想，认为刘濞决无反叛之心，因此朝廷的军队在面临叛军的进攻时节节败退，形势一度非常危急。当吴王叛乱的消息传到宫廷中时，汉景帝经过深思熟虑，任命周亚夫带领主力部队去迎击叛军中实力最强的吴楚联军，派遣郦寄、栾布、窦婴等人去攻打其余的叛军。

当时，齐地的都城临淄长时间受到叛军围困，城内粮食消耗殆尽，守城的士兵们用最后的力量来抵御叛军的攻击。在临淄城危难时刻，栾布率领一支军队绕到叛军背后并突然发起袭击，叛军顿时阵脚大乱，人马四散奔逃。不久，临淄顺利解围。接下来，栾布马不停蹄地向齐地其余叛军发起进攻，经过大大小小的战斗，齐地的叛军被全部消灭。此时，正在率军攻打赵国叛军的郦寄需要支援。栾布得知后立即率军奔赴赵国同郦寄会师，两支军队协同作战，向赵国都城邯郸发起进攻。然而，邯郸城内兵精粮足、城高墙厚，栾布和郦寄的军队多次攻城均无效果，随着时间一天天过去，叛军的士气愈发高昂。细心的栾布发现邯郸地势偏低，如果从附近河流引水淹城的话，叛军会不战而降。于是，他命士兵们挖掘一条河道，将附近的河水引到邯郸城下，准备放水淹城。果然，栾布的计策非常奏效，邯郸城不战而降，赵王刘遂也在绝望中拔剑自刎。栾布和郦寄率军凯旋。

后来，当"七国之乱"平定之后，栾布凭借军功被提拔为燕国的国相。他时常对身边的人说："做人一定不能忘记曾经帮助过自己的恩人，同时也不能饶过伤害过自己的小人。"于是，栾布对那些帮助过自己的恩人大加赏赐，而对那些和自己有仇的人，则借助法律条令来施加报复。

栾布凭着忠义诚信赢得了燕齐两地百姓的尊敬和爱戴，人们为了纪念他，主动为他修建了一所"栾公祠"。季布和栾布原本是项羽的部下，在转投刘邦之后依然忠心耿耿为西汉效力，这样的忠诚或许也是他们二人得以善终的原因所在。

原典精选

孝惠时，为中郎将。单于①尝为书嫚②吕后，不逊，吕后大怒，召诸将议之。上将军樊哙曰："臣愿得十万众，横行匈奴中。"诸将皆阿吕后意，曰："然。"季布曰："樊哙可斩也！夫高帝将兵四十余万众，困于平城，今哙奈何以十万众横行匈奴中，面欺！且秦以事于胡，陈胜等起。于今创痍未瘳③，哙又面谀，欲摇动天下。"是时殿上皆恐，太后罢朝，遂不复议击匈奴事。

——《史记·季布栾布列传》

注释

①单于：匈奴首领的统称。

②嫚（màn）：轻视，侮辱。

③瘳（chōu）：病愈。

译文

孝惠帝的时候，季布担任中郎将。匈奴的单于曾经写信侮辱吕后，信中的言辞很不恭敬，吕后非常生气，召集众多将领商讨对策。上将军樊哙说："臣愿意统领十万军队，荡平匈奴的势力。"诸位将领都揣摩出了吕后的真实想法，大家异口同声地说："好。"季布说："樊哙应该被斩首！昔日高帝带领四十多万军队，被匈奴围困在平城，现在樊哙凭借什么能够率领十万军队消灭匈奴的军事力量？这是当面欺骗皇上！况且秦因为攻打匈奴，才使陈胜等人趁机起义。如今在遭受的创伤还没有完全恢复的时候，樊哙又当面阿谀奉承，想要造成天下的混乱。"这时，殿上的众多将领在听完季布的这番话后都很惊恐，吕后宣布退朝，于是再也不商议有关攻打匈奴的事情了。

知识拓展

季布一诺：意指季布的承诺，形容说话算数，信守诺言。

例句：他做事情言而有信，逐渐赢得季布一诺的好名声。

樊哙

樊哙是沛县人，年轻的时候以屠狗为生，和刘邦是生死之交。等到刘邦起义反秦，樊哙跟随刘邦，逐渐成为刘邦的左膀右臂，先后担任大将军和左丞相。当年，刘邦在鸿门宴上命悬一线之际，樊哙只身闯进大帐，凭借着果敢和勇气救刘邦于危难之间，深得刘邦的信任和感激。汉初，樊哙帮助汉高祖刘邦平定臧荼、卢绾、陈豨等人的叛乱，为维护汉朝的长治久安贡献出自己的一分力量。最终，在孝惠帝六年（前189年），樊哙走完了自己的人生旅程。

第九章 勇而无谋 一代枭雄——英布

英布，是西楚霸王项羽手下的一员猛将。早先，他顺利完成从平民百姓到沙场悍将的身份转变，凭借骁勇善战，深受西楚霸王项羽的器重和赏识，一举成为威震四方的九江王。后辅佐刘邦打败项羽，被封为淮南王，与韩信、彭越并称汉初三大名将。

一 天意难违

英布年轻的时候，有位擅长相面算命的人为他占卜，预言英布日后注定会因触犯法律而受到刑罚，但是在经历刑罚以后必会荣华富贵、飞黄腾达，最起码也会成为王侯将相。

英布一开始并没有将算命先生的预言放在心上，可是随着时间的推移，英布的人生轨迹确实朝着算命先生所预言的方向发展。当时，秦朝的法律非常严苛，简直到了残暴的程度，英布果真因触犯法律而被官府捉拿问罪，最终被判处黥（qíng）刑（古代刑罚的一种，用墨在犯人的面颊上刺青）。英布在得知自己将受到黥刑以后，非但没有伤心欲绝，反而欣喜若狂，他兴高采烈地对身边的人说：“以前就有人预言，说我受到刑罚之后就会拥有王侯的显赫地位，难道预言真的要应验了吗？”

英布身边的人听到这番话后纷纷嘲笑他，大家都认为他是在痴心妄想、白日做梦，不仅如此，由于他受的是黥刑，人们索性就以称呼他为黥布的方式来取笑他。

不久，英布被官府发配到骊山服苦役，他和很多犯人一起为秦始皇修建陵墓。当时在骊山服苦役的犯人总共有几十万人，英布非常善于结交朋友，他在服苦役期间特别注重和犯人当中的首领和骨干人物建立友好关系，并逐渐赢得了这些人的好感和信任。后来英布就伙同与他关系密切的犯人从骊山逃走，躲藏到长江上，以做强盗为生。

秦朝的残酷统治很快被陈胜领导的大泽乡起义所瓦解，一时间天下烽烟四起，各路起义军如雨后春笋般遍布各地，战乱年代为很多英雄豪强提供着改变命运的契机。此时，英布抓住时机，他来到番县投靠县令吴芮。吴芮起初是秦朝的官吏，他紧随陈胜宣布成立起义军，公开反抗秦朝的统治，加上吴芮本人礼贤下士、宽厚待人，所以很多人慕名前来投奔。

英布的英勇善战正是吴芮所需要的，他们俩一拍即合，结为亲密的战友。吴芮对英布非常赏识，甚至把自己的女儿许配给了英布。当时，最令各路起义军谈之色变、闻风丧胆的莫过于秦将章邯，他先是剿灭陈胜的起义，接着又给予另一支起义军首领吕臣以沉重的打击。

英布面对屡战屡胜的章邯自然不敢掉以轻心，他认为和章邯交锋不能一味地硬碰硬，应该采取从正面规避秦军、迂回包抄秦军侧翼的方式来打击秦军。英布的作战策略果然奏效，章邯在清波被英布击败。此刻，刚刚赢取胜利的英布获悉一条消息，起义军首领项梁已经占领了江东的会稽郡，现在正率领部下朝着西边挺进。久闻项梁大名的英布决定带领手下人马渡过淮水投奔项梁。

英布在项梁帐下效力期间屡立战功，可惜的是，项梁后来由于轻敌而被章邯在定陶打败，他本人也不幸罹难。项梁死后，他的侄子项羽继续领兵作战，这时，章邯带领军队围攻赵国，宋义奉义帝楚怀王的命令带领人马解救赵国，范增、项羽、英布等人都一同前往。宋义因畏惧章邯而一再推迟交战，这引发许多人的不满，项羽借机在黄河

▲ 项羽像（清·无名氏《历代帝王圣贤名臣大儒像》）

边刺杀了宋义，并担负起统率全军的重担。

　　仇人相见分外眼红，报仇心切的项羽立刻命令全军渡过黄河，准备和秦军决一死战，同时，项羽派英布为先锋，让他带领先头部队攻打秦军。骁勇善战的英布以少胜多、连战连捷，打得秦军溃不成军，等项羽率领主力部队全部渡过黄河之后，他们在巨鹿一举消灭章邯的部队，迫使章邯及其二十万士兵向项羽投降。

　　随后，英布击溃把守函谷关的汉军，帮助项羽顺利进入咸阳。由于在先前的一系列战斗中表现神勇，等到项羽赏赐功臣的时候，英布被封为九江王。

　　谁也不会想到，这时，在项羽和英布之间已经悄无声息地埋下了决裂的种子。

二　叛楚降汉

　　项羽分封完诸侯没多久，齐王田荣因对项羽心怀不满而起兵反楚，项羽亲自率军征讨。与此同时，项羽派遣使者去通知英布，让他率军一同出征。英布的反应出乎项羽的意料，他借口身体染疾无法出征，只是随便派了一位将领带领几千人马同项羽会合。等到楚汉相争时期，汉军曾有一次夺取了楚国都城彭城，项羽命令英布率军援救彭城，英布仍借口身体染疾无法前往，因此项羽开始怨恨英布，多次派使者去谴责他，并让他面见项羽，英布因担心自己会遭项羽的毒手而拒绝见面。

　　当刘邦被项羽赶出彭城的时候，刘邦曾对身边的人说："如果有人能游说英布，让他反叛项羽就好了，这样我们就可以分散项羽的兵力，只要坚持几个月，项羽一定会被我打败。"

　　这时，传令官随何说："我可以前去试探一下。"刘邦同意了随何的请求，于是随何带着二十多名随从向淮南进发。

　　一开始，随何在英布那里吃了闭门羹，随何的多次求见都遭到英布的拒绝。一天，随何对英布身边的人说："九江王拒绝见我一定是认为项羽强大，刘邦弱小，可在我看来事实并非如此，如果九江王愿意见我的话，我一定把其中的道理讲给他听。"

　　很快，英布就接见了随何，随何说道："您为何在项羽最需要您的时候按兵不动呢？您表面上是项羽的盟友，可实际暗中积蓄自己的实力。项羽自恃骁勇、赏罚不公，诸侯们已经对他很不满了，加上楚军现在远离国土、人困马乏，如果您能起兵反楚的话，项羽不出几个月就会败亡。到时候我在汉王面前提起您的功劳，汉王一定会封您为王。"随何的说辞打动了英布，英布暗中和随何口头约定起兵反楚。

巧合的是，项羽的使者也来到淮南，奉项羽的命令来催促英布率军攻打汉军。这件事情被随何打听到了，他和随从径直走进英布的王府，坐在楚国使者的身边，开口说道："九江王已经投靠汉王，楚国有什么理由调动九江王的部队呢？"

英布听完大惊失色，楚国使者也立刻起身告辞，随何对英布说："既然使者已经知道您归顺汉王这件事，您还是派人杀了他，以免项羽率军攻打您，我现在就带您去和汉王会合。"

英布采纳了随何的建议，杀掉楚国使者，并主动向项羽宣战。项羽在万般无奈之下只好派项声和龙且征讨英布，龙且最终打败了英布，迫使英布抛弃军队，和随何一起逃到汉军军营。

项羽一怒之下将英布全家老小斩尽杀绝，从此，英布和项羽势不两立。英布派使者联络一些老部下和老朋友，成功招募了几千人马，刘邦又调拨几千人马给英布。不久，英布就率军重新夺回九江，刘邦封他为淮南王。

到了垓下之战的时候，英布成功说服项羽的大司马周殷，让周殷归顺汉王。紧接着，英布调动所有的军队，和刘邦一起在垓下围歼了项羽的军队，项羽被迫在乌江自刎。自此，天下宣告统一。

三　惊弓之鸟

西汉建国之初，刘邦逐步感觉到手握重兵的异姓诸侯王成为朝廷最大的隐患，所以刘邦决定除掉一些对自己构成威胁的异姓诸侯王。汉高祖十一年（前196年），赵国丞相陈豨和淮阴侯韩信暗中勾结，起兵反叛朝廷，汉高祖刘邦亲自率领大军镇压了陈豨的叛乱，吕后和丞相萧何密谋诛杀了淮阴侯韩信。

同年，吕后又诛杀了犯上作乱的梁王彭越，并残忍地把他剁成肉酱送给各地的异姓诸侯王，吕后希望用这种方式来警告和恐吓异姓诸侯王们打消掉反抗朝廷的念头。当时，正在外面打猎的英布见到使者送来的肉酱，内心非常恐惧，他暗中调动军队加强警戒，以防不测。

这时，英布的一位宠姬因生病而要去一位医生家看病，恰好中大夫贲（bēn）赫和这位医生是对门邻居，贲赫认为自己是淮南王王府的侍从，有义务照顾好淮南王的宠姬，于是他多次赠给医生礼物，希望医生能早日治好宠姬的疾病，并且有一次贲赫还在医生家里同宠姬一起吃饭喝酒。

一天，宠姬在和英布的聊天中无意间夸赞贲赫是个好人，英布质问宠姬是如何知道的，宠姬便把自己去医生家治病的前因后果统统告诉了英布，而英布坚信贲赫与宠姬之间有了私情。

贲赫在得知英布怀疑自己和宠姬有私情以后，从此借口身体染疾无法上朝，处处躲避英布。英布在盛怒之下命人逮捕贲赫，贲赫为保全性命不顾一切逃到都城长安，向汉高祖刘邦告发淮南王英布有起兵造反的意图。

起初，刘邦对英布造反一事表示怀疑，他询问丞相萧何的意见，萧何说："按道理说英布不应该有造反的念头，也许是有人故意污蔑陷害英布，我们应该先派人去淮南把这件事情调查清楚。"

与此同时，英布惧怕贲赫向刘邦告发自己暗中调遣军队，于是他索性杀了贲赫全家，随后宣布起兵造反。英布反叛的消息传到长安，汉高祖刘邦立即召集将领们商讨对策，汝阴侯滕公向刘邦推荐足智多谋的薛公，这位薛公以前曾担任过项羽的令尹（官职相当于丞相）。

薛公对刘邦说："英布根本不值得您忧虑，他原本只是个苦役犯，依靠勇猛才有了今天的地位，像他这样只顾眼前利益而缺乏深谋远虑的人，只会选择攻打吴国和下蔡，然后掠夺珍宝、贪图享乐，因此失败是早晚的事情。"

刘邦听完非常高兴，他封薛公为千户侯，然后决定亲自率领军队征讨英布。果然，英布的军事行动与薛公猜测的丝毫不差，他向东击败了荆王刘贾和楚王刘交，然后率军西进，在会甄遭遇刘邦的军队，双方经过激战，英布带领几百人败退到江南，打算投靠长沙王——吴芮的儿子——吴臣。吴臣谎称自己愿意和英布结为同盟，一起反抗朝廷，暗地里布置好人手，等英布一到就立即杀死了他。

当时汉高祖刘邦对诸侯们的提防与戒备已经到了无以复加的地步。英布还要动用武力同朝廷对抗，最终落得兵败身亡的下场。

原典精选

楚使者在，方急责英布发兵，舍传舍。随何直入，坐楚使者上坐，曰："九江王已归汉，楚何以得发兵？"布愕然。楚使者起。何因说布曰："事已构①，可遂杀楚使者，无使归，而疾走②汉并力。"布曰："如使者教，因起兵而击之耳。"于是杀使者，因起兵而攻楚。楚使项声、龙且攻淮南，项王留而攻下邑。数月，龙且击淮南，破布军。布欲引兵走汉，恐楚王杀之，故间行③与何俱归汉。

——《史记·黥布列传》

注释

① 构（gòu）：形成，造成。

② 走：归顺。

③ 间行：走小路。

译文

楚国的使者也在九江，他奉项羽的命令前来催促英布率军攻打刘邦，就住在旅舍。随何径直走进英布的王府，很自然地坐在楚国使者的座位旁边，说："九江王已经归附汉王刘邦，楚国有什么理由让九江王发兵呢？"英布听完随何的一席话，很震惊。楚国使者也起身告辞。随何趁机劝说英布："归附汉王的事情已经定下来了，您应该现在派人把楚国的使者杀掉，不让使者回去禀告项羽，并且我们应及早和汉军主力会师。"英布说："那我就按照您说的做吧，现在马上起兵反抗项羽。"于是英布派人杀掉楚国的使者，然后领兵攻打楚国。项羽派遣项声、龙且攻打淮南，项羽自己率军攻打下邑。几个月之后，龙且在淮南将英布打败。英布想带领部下投靠刘邦，但又担心人马太多容易遭受项羽的攻击，于是抛弃了军队，和随何走小路悄悄逃到了汉营。

知识拓展

令尹

令尹为古代官职名，最早由战国时期楚国设立，在当时是除了君王以外的最高官职，平时负责掌管全国的军政事务。令尹的人选大多来源于楚国贵族，随着朝代的更迭和官职的变迁，令尹一职逐渐被丞相所涵盖和代替。

随何

随何早年担任传令官，后来向汉王刘邦毛遂自荐，又成功说服九江王英布起兵反楚。等到天下统一，刘邦有一次在宴会上贬低随何，随何据理力争，使得刘邦不敢怠慢随何，于是封赏他为护军中尉。

第十章　治军有方　将中典范——周亚夫

西汉名将周亚夫出身名门，一次偶然的机会使他继承爵位，继而为他开创了建功立业的机会。他成功平定吴王刘濞的叛乱，居功至伟，封侯拜相。令人遗憾的是，周亚夫晚年因过失而锒铛入狱，最后绝食而亡，一代名将黯然离世。

一　治军森严

汉文帝后元六年（前158年），匈奴进犯边境，汉文帝派去三路大军前去防御守卫。其中一路为宗正（官名）刘礼担任将军，驻军霸上；第二路为祝兹侯徐厉担任将军，驻军棘（jí）门；最后一路就是河内郡守周亚夫担任将军，驻军在细柳。

有一次汉文帝去劳军，先去了霸上和棘门，他一路畅通进入军营，所有将士都迎接和送别。但是汉文帝来到细柳营军营劳军的时候，发现有很大不同。军士们身穿铠甲，手拿兵器，时刻准备战斗的模样，劳军的先驱军来了也不能进入营中，尽管他们汇报说是皇帝前来劳军，守卫士兵却说："将军有令，军队只能听将军的命令，其他人就算皇帝的指示也不行。"过了一会儿，汉文帝来了，也无法进入军营，最后是使者拿着天子的符节去请示周亚夫，才打开军营大门。

进入军营后，士兵又说："将军有令，军营里车马不能疾驰。"于是汉文帝就坐着马车，由侍从牵好缰绳，慢慢行进。等汉文帝见到周亚夫，周亚夫向汉文帝拱手行礼，说："臣穿着铠甲不能跪拜，请允许我以军中之礼拜见。"等劳军结束之后，汉文帝离开军营，也无人送别。周围人都觉得周亚夫十分傲慢，但是汉文帝却称赞说："周亚夫称得上是真正的大将军。我们在霸上和棘门所看的军队都显得军纪涣散，是容易遭到敌人袭击的。而周亚夫，治军森严，敌人能从这

▲周亚夫细柳式车（出自《马骀画宝》）

里打开缺口吗？恐怕很难。"后来汉文帝封周亚夫为中尉，掌管京都的兵权。

周亚夫的父亲周勃是西汉建国功臣之一，被封为绛侯。在周亚夫还在担任河内郡太守的时候，曾经有位名叫许负的相士给他相过面，并对他说："您在三年后会被封侯，封侯八年后权至将相。再过九年，您会遭遇被饿死的下场。"

周亚夫听完不以为意："我大哥已经继承我父亲的爵位，就算我大哥死了也会是我的侄子继承侯爵，跟我有什么关系呢？而且我要是像您说的那样荣华富贵，怎么可能还会饿死呢？"

果然，三年后，周亚夫的哥哥周胜因杀人犯法而被削去侯爵的封号，汉文帝需要在周勃的儿子里找一位继承爵位的合适人选，于是周亚夫被汉文帝封为条侯。

成为条侯的周亚夫也许做梦也没想到，自己有一天能够率领千军万马在战场上和叛军厮杀，而这后来的一切和吴王刘濞有着很大的关系。

二　天降大任

起初，汉高祖刘邦在一统天下之后，册封他的哥哥刘仲为代王。可惜好景不长，匈奴人的入侵将战火燃烧到代国境内，贪生怕死的刘仲在危急关头没有选择带领军民奋起反抗，而是独自一人顺小路逃到洛阳。由于刘邦顾念骨肉亲情，便没有按照刑法惩治刘仲，只是将刘仲贬为郃（hé）阳侯。

高祖十一年（前196年）秋天，淮南王英布起兵叛乱，汉高祖刘邦亲率军队出征平叛。当时，刘仲年仅二十岁的儿子刘濞在军中担任骑将，他英勇善战，最终和汉高祖刘邦一起在会甀（zhuì）击败英布，取得了胜利。刘邦在平定英布的叛乱之后，考虑到自己的儿子们年纪尚幼，打算另寻一个值得信任的人来掌管吴郡、会稽等地，刘濞因为先前的出色表现赢得刘邦的认可，顺理成章地被封为吴王，掌管三个郡五十二座城。

后来，到了汉文帝时期，吴国在刘濞的统治下非常强盛，这是因为吴国郭郡盛产铜矿，刘濞就招募一些亡命天涯的罪犯为吴国铸造铜钱，加上吴国靠近大海，用海水煮盐成为另一项重要的财政收入。

有一次，刘濞的儿子来到都城长安朝见，陪同当时的皇太子（即后来的汉景帝）饮酒下棋，谁知两人因为谁先走棋这件琐事发生激烈的争吵。刘濞的儿子平日里骄横跋扈惯了，丝毫不把皇太子放在眼里，行为举止表现得很不礼貌，皇太子一时冲动，竟失手用棋盘砸死了刘濞的儿子。

刘濞在得知儿子死讯之后非常愤怒，从此以后一再声称自己身体染疾，不再去长安朝拜，只是定期派遣使者代替自己去长安面见皇帝。如此一来，汉文帝逐渐对刘濞心生不满。后来，汉文帝质问一名吴国使者，刘濞为什么不来朝见，使者说："吴王担心自己不进京朝见而受到处罚，此刻正在为自己的性命担忧，如果皇上您能网开一面不再

▲汉景帝像 清·无名氏《历代帝王圣贤名臣大儒像》

追究过去的事情，那么吴王还是忠于皇上的。"汉文帝觉得使者的话很有道理，于是赏赐给刘濞一张几案、一根手杖，并表示吴王上了年纪，以后不必亲自入朝觐见皇上。

刘濞见皇帝赦免了自己，心里很高兴，他继续用造币和制盐的方式来充实国力，并宣布免除吴国百姓的一切赋税，这样一直持续了三十年，吴国百姓对刘濞感恩戴德、俯首帖耳。

汉景帝即位后，御史大夫晁（cháo）错力劝皇帝削弱刘姓诸侯国的实力，以防这些诸侯国日后和中央分庭抗礼。汉景帝采纳了晁错的建议，不久之后就找理由分别处罚了楚王刘戊、赵王刘遂和胶西王刘卬（áng），剥夺了他们的部分领土，于是这些诸侯王对晁错心生怨恨之情。

吴王刘濞见皇帝惩治了几个诸侯王，担心自己哪天也会遭遇不测，因此萌生了起兵反叛的念头。他首先派大臣应高去联络以勇武著称的胶西王刘卬，应高成功说服了刘卬。紧接着，刘卬派人联络楚王、赵王、齐王、菑（zī）川王、胶东王、济南王、济北王，商定好共同反抗朝廷。

汉景帝三年（前154年）正月，当朝廷的使者拿着削减吴国会稽、郫郡的诏书来到吴国时，吴王刘濞杀掉使者，率领二十万军队对抗朝廷，其余诸侯国除了齐王中途退出外，剩下的相继起兵，史称"七国之乱"。一时间，叛军气势汹汹地向西边进发，准备攻打都城长安。

汉景帝在得知七国叛乱的消息后，任命周亚夫带领主力部队去迎击叛军中实力最强的吴楚联军，派遣郦寄、栾布、窦婴等人去攻打其余的叛军。

前方等待周亚夫的无疑是一场恶仗。

三 七国之乱

最初，汉景帝在面对七国叛乱时，对和平还心存幻想。让汉景帝产生幻想的不是别人，正是以前在吴国做过丞相的袁盎。事情的经过是这样的：大将军窦婴向皇帝举荐袁盎，因为袁盎对吴王刘濞和吴国的情况都非常了解，所以汉景帝很想听听袁盎的意见。

袁盎对汉景帝说："镇压吴国的叛乱其实很简单，但我还有个避免战争的办法来解决这个问题。"汉景帝连忙向袁盎询问到底是什么办法。

袁盎继续说道："诸侯国的首领们最痛恨的是晁错，由于他的建议而使诸侯们失去了土地，如果我们杀掉晁错并赦免吴王刘濞等人叛乱的罪过，那么他们一定会对朝廷俯首听命。"

汉景帝被袁盎的荒唐说辞所打动，十多天后，汉景帝假称会见晁错，让人用马车将晁错拉到东市斩首示众，可怜的晁错稀里糊涂地做了刀下鬼。随后，汉景帝委派袁盎等人为使者，前往吴军军营劝说吴王停止反叛。

没想到吴王刘濞丝毫不为所动，还把袁盎扣留起来，逼迫袁盎担任叛军将领，袁盎趁着夜色悄悄逃出了吴军军营，然后逃回长安。

汉景帝见和谈失败，便调兵遣将准备和叛军决一死战，正当他为何人能够担负起平叛重任而苦思冥想之际，突然想起汉文帝临死前对自己的告诫："倘若将来国家发生战事，周亚夫是统率军队的合适人选。"

周亚夫被汉景帝提拔为太尉，率领军队征讨吴王刘濞的叛乱。出征前，周亚夫将作战计划向汉景帝和盘托出。他打算避开吴楚联军的锋芒，以梁国为诱饵吸引敌人猛攻，而自己则按兵不动以逸待劳，然后断绝吴楚粮道，再一举歼灭敌人。汉景帝同意了周亚夫的计划。

接下来，周亚夫把军队集结在昌邑，命令士兵修好防御工事坚守不出。与此同时，叛军蜂拥到梁国城下，梁孝王（汉景帝的弟弟）屡次派使者向周亚夫求救，周亚夫都置之不理，梁孝王没有办法只好写信向汉景帝求救，汉景帝让使者到军营命令周亚夫增援梁国，周亚夫仍按兵不动。一直等到时机成熟以后，周亚夫才暗中派遣一支轻骑兵攻击淮河、泗水的交汇处，彻底截断了吴楚联军的粮道。

此时，叛军已是人困马乏、强弩之末，加上又被断了粮草，更是人心惶惶。叛军几次向周亚夫挑战都没有结果，于是在一天夜里叛军偷袭周亚夫的军营，喊杀声清晰地传到周亚夫的帐篷里，而周亚夫泰然自若，毫不畏惧，等他弄清楚敌人正在攻击军营的东南角以后，立刻吩咐手下严密防范军营的西北角。没过多久，叛军从西北角发起猛烈进攻，由于事前周亚夫做了防范，叛军大败而回，周亚夫抓住战机，带领军队乘胜追击，一举歼灭吴楚联军主力，迫使吴王刘濞仅带领几千名亲兵逃往丹徒县，随后又逃到东越。一个月后，被汉景帝用重金收买的东越王派人暗杀了刘濞，并将他的首级呈献给汉景帝。自此，吴王刘濞的叛乱宣告结束，周亚夫也被汉景帝封为丞相。

四　含冤而死

周亚夫担任丞相的时候，有一次因反对汉景帝废除栗太子而招致不满，而梁孝王也由于当年周亚夫没有及时增援梁国而怨恨周亚夫，因此每次朝见的时候都在太后面前诽谤周亚夫。

有一次，匈奴王唯徐卢率领自己的部下归顺汉朝，汉景帝打算用封侯的方法赏赐他们。周亚夫得知后极力反对，说："这些匈奴人是背叛他们的单于而来到这里的，您如果封他们为侯，那不是鼓励人们对自己的主人不忠吗？"可是，汉景帝没有采纳周亚夫的建议，依然封唯徐卢等人为侯。因此，周亚夫渐渐对汉景帝心生不满，他声称自己生病需要在家休养，从此不再上朝。不久，汉景帝罢免了周亚夫丞相的职务。

没多久，汉景帝宴请周亚夫，命人在餐桌上放着一大块没有切割过的肉，并且没有放置筷子。周亚夫见到这种情景心里非常不快，于是他让负责筵席的官员去拿筷子。这时，汉景帝冷笑着说："看来这番招待还是不能满足你的要求。"周亚夫见状连忙脱帽请罪，而汉景帝已经从座位上站起来了，周亚夫见皇帝生气便起身离开。汉景帝目送他出去，说道："这个遇事就不满的人可不能做少主的大臣呀！"

然而，周亚夫做梦都没想到儿子惹出的事端竟会牵连到自己。原来，周亚夫的儿子订购了五百套殉葬用的铠甲和兵器，他不仅私自订制与皇帝使用规格相同的丧葬用品，还拖欠工人们的工钱，引发工人们的不满。所以，愤怒的工人们告发了周亚夫的儿子，周亚夫也被牵连其中。

汉景帝审阅完书状之后，让廷尉去审理周亚夫的案子，廷尉来到周亚夫家里，当面质问道："难道你想造反吗？"

周亚夫说："我购买的都是丧葬用品，怎么能说得上是造反呢？"

随后，这些审案的官吏们变本加厉地迫害周亚夫，甚至逼得周亚夫一度起了自杀的念头，最终还是在夫人的劝说下才放弃了自杀的想法。最后，周亚夫被廷尉关押在监狱，他因无法忍受狱吏们的侮辱而用绝食的方式来表示抗议，就这样一连绝食了五天后，吐血而死。

周亚夫死后，他的爵位和封国也被汉景帝废除，后来汉景帝又选择周勃的儿子周坚继承周亚夫的爵位。

周亚夫的不幸在于他没能正确处理好同汉景帝之间的君臣关系，他对汉景帝的多次冒犯无疑让汉景帝对他产生防范之心。后来，汉景帝借着一桩小事对周亚夫进行迫害就是顺理成章的事情了。

原典精选

太尉既会兵①荥阳，吴方攻梁，梁急，请救。太尉引兵东北走昌邑，深壁而守。梁日使使请太尉，太尉守便宜，不肯往。梁上书言景帝，景帝使使诏救梁。太尉不奉诏，坚壁不出，而使轻骑兵弓高侯等绝吴楚兵后食道。吴兵乏粮，饥，数欲挑战，终不出。夜，军中惊，内相攻击扰乱，至于太尉帐下。太尉终卧不起。顷之，复定。后吴奔壁东南陬②，太尉使备西北。已而其精兵果奔西北，不得入。吴兵既饿，乃引而去。太尉出精兵追击，大破之。

——《史记·绛侯周勃世家》

注释

① 会兵：集合军队。

② 陬（zōu）：角落。

译文

周亚夫把军队集合在荥阳，这时吴国的军队正在猛攻梁国，梁国形势岌岌可危，梁孝王派人向周亚夫请求援救。周亚夫带领军队向荥阳的东北方向昌邑进发，在昌邑安营扎寨，坚守不出。梁孝王每天都派遣使者向周亚夫求援，周亚夫以昌邑是战略要地为理由不肯发兵。梁孝王很无奈，只好写信向汉景帝求救，汉景帝派使者带着诏书命令周亚夫增援梁国。周亚夫不按照皇帝的诏书行事，依旧坚守不出，暗中派遣弓高侯率领轻骑兵断绝吴楚联军的粮道。吴军粮草匮乏，士兵们饥饿不堪，于是几次主动向周亚夫的军队挑战，周亚夫一概置之不理。一天夜里，周亚夫的军营被吴军偷袭，引发一阵骚乱，嘈杂的喊声清楚地传到周亚夫的帐篷里。周亚夫还是镇定地躺在床上。没过多久，军营里的骚乱渐渐平息。后来，吴军突然猛攻周亚夫军营的东南角，而周亚夫吩咐手下密切注意西北角的情况。一会儿，吴军果然派出精兵袭击西北角，由于周亚夫提前做了防范，吴军始终没能突破西北角。最后，饥饿的吴军只好主动撤军。周亚夫马上派出精兵追击吴军，把吴军打得大败。

知识拓展

一语成谶（chèn）：意指一句预言或戏言，最后竟然变成现实，现多指不吉利的预言在现实中应验。

例句：他在野营出发前用玩笑的口吻和朋友说明天会下雨，没想到一语成谶，第二天的大雨让他们的野营计划泡了汤。

晁错

西汉时期著名政治家、文学家，他在经济上推行"重农抑商"的政策，在政治上主张"削藩"，在边防问题上倡导"移民实边"。不仅如此，晁错还为后世留下了诸如《言兵事疏》《守边劝农疏》《论贵粟疏》《贤良文学对策》等政论性文章。

▲明·杜堇《伏生授经图》。该图描绘的是汉文帝派使者晁错向儒者伏生求治《尚书》，如今流传的《尚书》便出自伏生

第十一章　智勇双全　封侯难求——李广

李广出身习武世家，他在战场上出生入死，为打击匈奴贡献着自己的力量。他智勇双全，在敌人面前毫无惧色，彰显大将风范。不可计数的辉煌战功并未给他带来无上的荣耀，他最后的悲惨结局令人喟叹。

一　平步青云

李广出生于陇西郡成纪县，他的祖先李信是秦国的名将，曾经立下赫赫战功。李广也从祖先那里遗传下来习武的基因，尤擅长射箭。

汉文帝十四年（前166年），匈奴大军入侵萧关，李广以平民子弟的身份参军入伍。他平时刻苦操练的武艺在战场上得到淋漓尽致的展现，尤其是他那百步穿杨的射箭绝技杀死了很多敌人，因而被提拔为中郎，在汉文帝身边担任武骑常侍。

没过多久，李广陪同汉文帝一同外出，他在皇帝面前充分展示自己的高超武艺和英勇善战，连汉文帝也不禁赞叹道："真是太可惜了！如果你出生在汉高祖的年代，凭借这一身武艺被封为万户侯是轻而易举的事情。"

▲李广像

等到汉景帝继承帝位，李广先是担任陇西都尉的职务，后来被召到京城担任骑郎将。

担任骁骑都尉一职的李广跟随周亚夫征讨叛军，李广在昌邑大败叛军，夺取敌军的战旗。原本应当得到奖赏的李广因为擅自接受汉景帝弟弟梁孝王赏赐的将军印而遭到汉景帝的猜忌，最终一无所获。

汉景帝一直担心梁孝王谋反篡权，所以李广的行为让汉景帝心生疑窦。

随后，李广辗转多地，先后做过上谷、上郡、陇西、北地、雁门、代郡、云中等地的太守，这些地方都属边关要塞，李广每次都凭借英勇善战而名声大噪。

二 智勇双全

在李广的戎马生涯当中，匈奴是他在战场上的主要对手，李广的很多传奇故事和匈奴有关。

在李广担任上郡太守的时候，恰好赶上匈奴人兴兵大举入侵汉朝的边关要塞。

恰巧皇帝派遣一位宠幸的宦官前往李广身边学习军事。有一次，这位宦官带领几十名骑兵在野外遇到三名匈奴的神射手，双方交手没多一会儿，这位宦官身中箭伤，跟随他的几十名骑兵则全军覆没。

当时，匈奴人一般采用射杀空中飞翔的大雕的方法来训练神射手，因此汉朝人称他们为射雕手。

侥幸活命的宦官骑马逃回军营，李广得知情况以后立刻判断出对方是匈奴的射雕手，于是他率领几百名骑兵去追赶他们。在追击了几十里地之后，李广终于发现了射雕手的踪迹，他命令手下的骑兵分别从左右方向侧翼包抄敌人，而他自己从正面与射雕手交锋。

　　经过一番交战，李广用高超的箭术顺利杀死两名射雕手，并成功地将剩余的一名射雕手活捉，通过对俘虏的审问证实了李广的判断，这三个人果然是射雕手。

　　正当李广准备率领手下返回军营，出人意料的情况发生了，几千名匈奴骑兵从远处策马奔驰而来。一时间，李广手下的士兵惊慌失措，很多人主张赶紧逃命。

　　在这千钧一发之际，不露声色的李广观察到匈奴人的队伍同样显得慌乱。原来，匈奴人弄不清楚这些汉军的真实目的，误以为眼前的汉军是一支诱饵，于是匈奴人提高警惕，占据山头排好阵势。

　　将一切看在眼里的李广转身对士兵们说："大家不要惊慌，如果我们现在转身往回跑，我们还没回到军营就会被匈奴人射死。如果我们摆出一副沉着冷静的姿态来迷惑匈奴人，他们肯定搞不清我们的虚实，会误以为我们是主力部队派遣出来的诱饵。"

　　大家听完李广的话，觉得很有道理，胆识过人的李广命令士兵前进到距离匈奴人只有二里地远的地方，并让所有人解下马鞍席地而坐，摆出一副从容不迫的样子。

　　果不其然，匈奴人见状更加疑惑了，他们认定这支近在咫尺的汉军骑兵一定是主力部队派出的诱饵，因此匈奴人不敢轻举妄动，只是原地观望。

　　在双方僵持的过程中，一位匈奴将领骑着一匹白马来到阵前视察阵容，李广瞅准时机带领十几名骑兵飞身上马来到阵前，趁着骑白马的匈奴将领还未回神之际，将他一箭射死，随后李广从容不迫地返回

▲李广将军雕像

原地，解下马鞍躺在地上休息。

匈奴人被李广的举动彻底吓呆了，随着天色渐晚，匈奴人丝毫不敢轻举妄动，夜半时分，惊惧不已的匈奴人悄悄撤退了。

第二天清晨，李广见匈奴人踪影全无，率领士兵安然地返回军营，李广的胆识由此可见一斑。

在汉景帝死后，汉武帝执政时期，汉军曾谋划过一次大规模的军事行动，计划用空城计引诱匈奴人占领马邑城，而事先埋伏在马邑城四周的汉军主力部队伺机包围马邑城，企图一举歼灭匈奴主力，骁骑将军李广参加了这次行动。没想到警惕的匈奴首领单于识破了汉军的计谋，及时率领大军撤出汉军的包围圈，汉军合围匈奴主力的计划就这样流产了。

四年后，李广率兵出雁门关征讨匈奴，不幸的是他遇到匈奴主力部队，经过一番激战，李广的部队被击溃，他本人也被匈奴俘虏。因为匈奴首领事先下令一定要活捉李广，所以匈奴人不敢伤害他，加上李广当时身体受伤，匈奴人逐渐放松警惕，在两匹马之间挂着一张网床，李广躺在网床上被匈奴人押解回营。

心细如发的李广瞧见身旁一名匈奴骑兵的胯下是一匹良马，他假装昏迷来麻痹敌人，当感觉时机成熟时便一跃而起，夺取匈奴骑兵的弓箭并把骑兵推下马去。反应过来的匈奴人紧随其后追赶李广，李广再次施展百步穿杨的绝技，一连射死几名匈奴骑兵，其余人吓得不敢靠前，只得眼睁睁地看着李广绝尘而去。李广一口气策马飞奔几十里，最终找到残余的士兵，和他们一起返回关内。

回到关内的李广遭到了朝廷的处罚，因为他战败并且损失惨重，所以按律法应当斩首。后来李广出钱赎罪免于一死，但被免除一切职务，降为平民。

但李广的威名让匈奴人胆寒，在他后来任职右北平太守期间，匈奴人竟丝毫不敢进犯，并且给李广起了一个绰号，称他为"飞将军"。

三　再次出山

解甲归田的李广选择在长安以南的蓝田县安享隐居生活，平日里以打猎为乐。颍阴侯灌婴的孙子灌强和李广私交甚好，二人经常一同打猎。

有一次，李广在朋友家喝完酒骑马回家，路过霸陵亭的时候被醉酒的霸陵县尉强行扣押，县尉斥责李广："你为什么违反法令，在宵禁的时候还擅自上街？"

李广的随从连忙向县尉求情："这位是卸任的李广将军，还请大人网开一面。"

没想到县尉软硬不吃："你一个卸任的将军有什么了不起，就算是现任的将军，我也敢按照法令扣押。"

无奈，李广和随从只好被县尉扣押一晚。

过了一阵子，匈奴人再次进犯边关并杀死辽西郡太守，汉武帝只好重新任用李广，让他担任右北平太守。李广恢复官职后的第一件事就是让人把那个曾经刁难过自己的霸陵县尉召到军中，立刻将他处死。

李广重回战场，这次汉武帝让他做郎中令。李广率领四千骑兵从右北平出发征讨匈奴，和他一起出征的是博望侯张骞（qiān）率领的一万多士兵。李广和张骞分头进兵，当李广率众深入匈奴腹地几百里后，突然和匈奴左贤王的四万多骑兵不期而遇，兵力单薄的李广很快被左贤王的部队团团包围。

此时，士兵们惊慌失措，唯独李广镇定自若，他先派遣儿子李敢和几十名骑兵前去试探匈奴人的虚实。

俗话说虎父无犬子，李敢偕同几十名骑兵径直冲向匈奴人的阵营，一时间，匈奴人惊慌失措乱了阵脚。李敢趁乱在敌阵中横冲直撞，左冲右突，搅得匈奴人分不清东西南北。最后，李敢带领手下返回己方阵营，向李广报告说："这些匈奴人战斗力不强，不足为惧。"

李敢的话起到了镇定军心的作用，士兵们不再惊慌，积极备战。李广命令士兵组成阵型，朝着四面涌来的匈奴骑兵放箭。瞬间，双方箭如雨下，杀得天昏地暗，李广手下的四千骑兵损失大半，箭支也所剩无几。

在紧要关头，李广拉弓搭箭一连射杀几名匈奴将领，吓得匈奴人不敢靠前。夜幕降临，士兵们早已筋疲力竭，大家面露惧色，而李广却斗志昂扬，命令其余人继续做好战斗准备，士兵们这次可算是被李广的勇气和胆识所折服。

第二天，博望侯张骞率部及时赶到，解除了李广的围困，匈奴人见汉军援军到达，自然不敢恋战，于是向北撤退。

由于李广的军队在此次战斗中几乎全军覆没，所以他的功劳和过失相互抵消。而博望侯张骞因为行军缓慢而贻（yí）误战机，被判处死刑。最后，张骞出钱免除死罪，降为平民。

四　封侯难求

李广有个堂弟名叫李蔡，在汉文帝时期就和李广一同在皇帝身边效力。后来，李蔡慢慢飞黄腾达起来，先后做过代国丞相、轻车将军和汉朝的丞相，李蔡和李广相比无论是人品还是功劳都相差甚远，皇帝却封李蔡为乐安侯，而李广终其一生也没有被皇帝赏赐封地，更不用说被封侯了，甚至李广手下原先的军官和士兵都有不少人被封侯的。

李广对这件事情感觉很奇怪，有一次和一位颇有名气的术士王朔聊天，这个王朔善于占卜算命。李广说："我参加大小战斗无数，没有才能的人都能被封侯，为什么我却不能呢？难道是我命该如此吗？"

王朔问道："您做过什么令自己很后悔的事情吗？"

李广回答："我担任陇西太守的时候，正好遇到羌（qiāng）人叛乱，有八百多人在我的劝诱下投降了，但是我出尔反尔，当天就下令将他们全部杀害。"

王朔说："违背诺言杀掉投降的人就是你难以封侯的原因。"

李广听完王朔的话沉默很久。

两年后（前119年），李广主动请缨要求跟随大将军卫青、骠骑将军霍去病征讨匈奴，汉武帝在李广的再三请求下被迫允诺。汉武帝在出发前告诫卫青，不要让李广打头阵，因为一来李广年事已高，二来他运气欠佳，汉武帝担心让李广打头阵可能会无功而返。

▲山西雁门关长城烽火台

大军到达塞北之后，从俘虏口中获悉匈奴单于的具体位置，卫青决定亲率大军直取单于。他让李广跟随右将军赵食其的东路军行动，按规定时间会合，围歼匈奴单于。

李广对卫青的调遣颇为不满，他多次要求打头阵，可卫青铁了心不同意，李广只好硬着头皮服从命令。

可是苍天又一次辜负了李广。带领部队快速挺进的卫青无法获得足够的粮草，需要及早和东路军会合，而李广所在的东路军要走的是一条行程较远的迂回路线，谁也没料到东路军在半路迷失方向，没能按照指定时间到达会合地点，而匈奴单于察觉到汉军的企图之后，趁着东路军还没赶到、包围圈还未形成的时候，悄悄溜走了。

事后，卫青派军中长史来到东路军的营地向赵食其和李广询问军队迷路的情况。李广在长史的逼问下终于忍无可忍，他对长史说："军队迷路与士兵们无关，我愿意一人承担所有的过失。"

长史走后，李广对部下说："我一生和匈奴人打了大小七十余仗，这次好不容易遇到单于主力，却因为迷路而贻误战机。我已经六十多岁了，不想再与那些审问我的官吏去争辩军队迷路到底是谁的过错。"

李广说完便拔出佩剑自刎而死，手下的士兵们都掩面哭泣，那些知道李广自杀的百姓们也都痛哭不已。而李广的搭档右将军赵食其也没有逃脱被审判的命运，他因罪被判处死刑，最后花钱赎罪，降为平民。

李广戎马一生，和士兵们同甘共苦，深受将士们的爱戴。他有勇有谋，让匈奴人闻风丧胆。可惜一代名将最后竟落得拔剑自刎的悲惨命运。

原典精选

广出猎，见草中石，以为虎而射之，中石没①镞②，视之石也。因复更射之，终不能复入石矣。广所居郡闻有虎，尝自射之。及居右北平射虎，虎腾③伤广，广亦竟射杀之。

——《史记·李将军列传》

注释

①没：穿进。

②镞：箭头。

③腾：跃起，跳起。

译文

李广有一次去外面打猎，看见草丛中有一块石头，很像一只伏卧在地的老虎，于是张弓搭箭向老虎射去，箭头击中并穿进石头，李广走近一看，原来是一块石头。李广对箭头穿进石头感觉很奇怪，因此再次张弓搭箭射向石头，这次无论怎么发力也无法让箭头穿进石头。每当李广听说自己居住的郡县有老虎出没时，他都亲自去射杀老虎。等到他在右北平郡射杀老虎的时候，老虎一跃而起咬伤了李广，李广最终射杀了这只老虎。

▲李广冥山射虎（出自《马骀画宝》）

167

知识拓展

膂（lǚ）力过人：意指体力超出常人，通常用来形容力气非常大。

例句：因为经常参加体育锻炼，所以他膂力过人。

出尔反尔：多指自己说了或做了之后，反过来又后悔。比喻言行不一，反复无常，说话不算数。

例句：他这个人做事情总是出尔反尔，让人摸不着头脑。

"冯唐易老，李广难封"出自唐朝"初唐四杰"之一的诗人王勃《秋日登洪府滕王阁饯别序》一文，原句为："嗟乎！时运不齐，命途多舛（chuǎn）。冯唐易老，李广难封。"

当时，王勃因得罪唐高宗而被放逐，他路过洪州时恰逢重阳节，洪州都督阎伯屿设宴招待宾客，在席间邀请宾客吟诗作赋，王勃于是在席间作成此文。他借冯唐和李广的不得志来暗喻自己的落魄处境，借此抒发自己的失落之情。

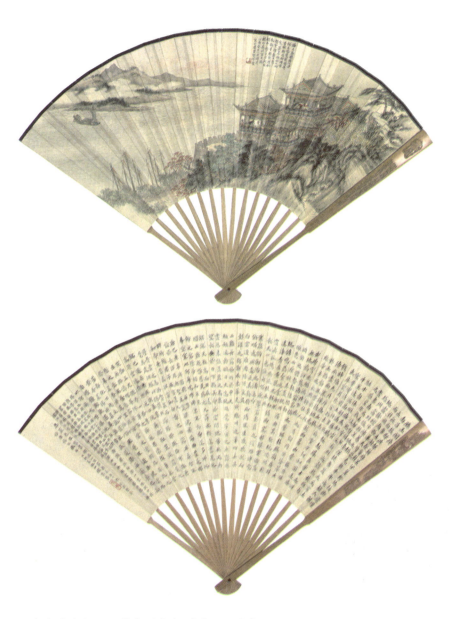

▲陈达（绘）、程学銮（书）《滕王阁序》

名将篇

169

第十二章 远征匈奴 名垂青史——卫青 霍去病

在西汉时期，除了飞将军李广之外，还出现另外一对抗击匈奴的杰出将领——卫青和霍去病。他们二人不但有着舅舅和外甥这层特殊的血缘关系，还令匈奴人在战场上唯恐避之不及。尤其是霍去病，年轻有为，在战场上取得的功绩竟然超过了李广和卫青，可惜英年早逝，其生前事迹被后人广为流传。

一 身世坎坷

卫青出生在河东郡平阳县，他的父亲郑季是汉朝的一名小官吏，曾经在平阳侯家里谋取差事。郑季在平阳侯家中工作期间，和平阳侯家里的小妾卫媪（ǎo）产生了私情，后来卫媪生下了卫青。当时，卫青还有六个同母异父的兄弟姐妹，其中有一个哥哥叫卫长子，有一个姐姐叫卫子夫。

卫青年轻的时候，平阳侯的家人把他赶出家门，让他去投奔自己的亲生父亲郑季，而郑季对自己的私生子也不太喜欢，让卫青每天到外面去牧羊。卫青和几个同父异母的兄弟也关系紧张，在家中饱受兄弟们的歧视与虐待。

有一次，卫青和别人一起来到关押犯人的甘泉宫监狱，一位会相面的囚徒对卫青说："看您的面相将来一定是个贵人，您将来会被封为侯爵的。"

卫青对囚徒的这番话付之一笑，他说："我不过是一个奴婢所生的孩子，以后不再遭受别人的呵责和打骂就知足了，怎么敢奢望封侯的事情呢？"

卫青成年后被招进平阳侯家中担任平阳公主（汉武帝的姐姐）身边的骑士。建元二年（前139年），卫青的姐姐卫子夫受到汉武帝的宠幸，这件天大的好事却给卫青惹来了灾祸。当时，汉武帝的皇后是

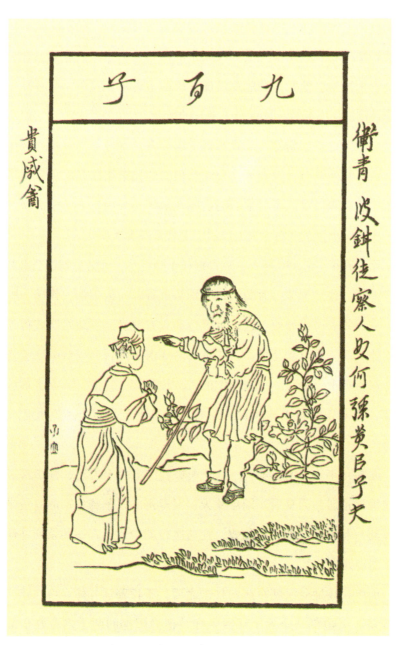

▲明·陈洪绶《博古叶子》之卫青

汉武帝姑姑的女儿，汉武帝的姑姑听说卫子夫受到汉武帝的宠幸怀有身孕，便担心自己的女儿受到汉武帝的冷落，于是派人逮捕卫青，打算暗中杀掉他。此时，在建章宫谋差事的卫青危在旦夕，幸亏好友骑郎公孙敖的出手相救，才保全了卫青的性命。

由于卫青精于骑射，汉武帝很赏识卫青，就把他调到身边担任建章宫监。与此同时，卫青那几个同母异父的兄弟姐妹全都靠着卫子夫飞黄腾达起来，汉武帝对他们的赏赐在短短几天内竟有千金之多。当卫子夫被汉武帝正式封为夫人以后，卫青升任为大中大夫。

元光五年（前130年），卫青担任车骑将军，和公孙贺、公孙敖、李广一起，各自率领一万骑兵，分别从上谷郡、云中郡、代郡和雁门郡出发，北上讨伐匈奴。这次军事行动只有卫青这一路军队获得了胜利，他率部一直打到茏城，一共杀死、俘虏了几百名匈奴人。骑将军公孙敖折损七千骑兵，卫尉李广的人马被匈奴人打散，本人也被敌人生擒，后来凭借智谋和胆识从匈奴人手里逃走，而公孙贺也是无功而返。

元朔元年（前128年），卫子夫顺利产下一个男婴，她顺理成章地被汉武帝册封为皇后。同年秋天，卫青再次以车骑将军的身份带领三万骑兵北出雁门郡攻打匈奴，在这次行动中，卫青一共杀死并俘虏几千名匈奴人。

匈奴人在遭受汉朝军队的打击之后，不肯善罢甘休。第二年，匈奴人就入侵边郡并杀死了辽西太守，把渔阳郡的两千多百姓全部掠走，同时还击溃了前来增援的汉朝军队。

汉武帝在得知战败的消息之后非常愤怒，他果断命令李息和卫青分别从代郡和云中郡出发，再次征讨匈奴。这次，卫青先后攻占黄河以南的大片土地，并长驱直入到陇西地区，一举击溃匈奴的白羊王和娄烦王，生擒几千名匈奴人和几十万头牲畜，然后把黄河以南的占领地区划为汉朝的朔方郡。卫青凭借赫赫战功被汉武帝封为长平侯。

接下来的两年，匈奴人卷土重来，他们入侵代郡、定襄、上郡，并杀死代郡太守，随后攻陷雁门郡，一共有几千名平民被匈奴人杀害和掠走。

面对匈奴三番五次的入侵和挑衅，汉武帝决定再次出兵讨伐匈奴，卫青再次奉命领兵出征。

二　威震敌胆

元朔五年（前124年），卫青率领三万骑兵从高阙出发，协同其余两路汉军一起出击匈奴，汉武帝命令各路军队全部听从卫青的指挥调动。这次，卫青所率的人马遇到了匈奴右贤王的主力部队，麻痹大意的右贤王根本没有料到汉军竟会深入匈奴腹地。而卫青则抓住有利战机，悄悄包围了右贤王的部队，并趁着夜色向右贤王发起猛烈的攻击。

一时间，醉酒的右贤王猛然惊醒，惊慌失措的他顾不上招集人马抵挡汉军，而是赶紧带着一位爱妾和几百名骑兵冲破包围圈，狼狈地向北方逃去。卫青见右贤王逃走便立刻派人追赶，汉军马不停蹄地追击了几百里，很遗憾没有追上，但是俘获了十几个匈奴小王，还有一万五千多名匈奴人和上百万只牲畜。

凯旋的卫青得到汉武帝的重赏，汉武帝加封卫青为六千户，并分别把他的三个儿子都封为侯爵，卫青推辞道："我的儿子们都还年幼无知，没有资格得到这样的赏赐，这次胜利要多多仰仗前线浴血奋战的将士。"

汉武帝说："我怎能忘记将士们的功劳呢？我现在就对有功的人进行封赏。"

就这样，护军都尉公孙敖、都尉韩说、骑将军公孙贺、轻车将军李蔡、校尉李朔、校尉赵不虞、校尉公孙戎奴、校尉豆如意、将军李沮、将军李息等人都凭着军功被封为侯爵。同年秋天，匈奴攻陷代郡，杀死都尉朱英。

次年春天，大将军卫青从定襄出发攻打匈奴，最终杀死几千名匈奴人。一个多月后，卫青再次从定襄出发征讨匈奴，在这次出征中，右将军苏建、前将军赵信所率领的三千多人与匈奴单于所率领的主力部队遭遇，双方立刻展开你死我活的厮杀。结果，经过一整天的激战，汉军寡不敌众，幸存者所剩无几。前将军赵信原本是匈奴人，他以前投降汉朝被封为翕侯。此时，赵信没能经受住匈奴人的劝降，于是带着手下八百人投降匈奴，而右将军苏建在全军覆没以后，独自一人逃回军营。

苏建回到军营之后，卫青没有贸然处罚他，而是将他押进囚车，交给汉武帝处置。苏建由于战败且全军覆没，被汉武帝判了死罪，后来苏建花钱免除死罪，贬为平民。卫青随即带领大军结束战斗，回到关内，此次作战共杀死和俘虏一万多名匈奴人。

元狩四年（前119年）春天，经过汉武帝和将领们的谋划，汉军准备穿过沙漠奇袭匈奴，计划一举擒获单于。卫青再次奉命从定襄出发攻击匈奴，这次和他并肩作战的是他的外甥霍去病。卫青率领五万大军穿越沙漠，即将到达与霍去病事先约定的会师地点，准备合击单于的主力部队。然而，对汉军颇为熟悉的赵信向单于献计："汉军远道而来，人困马乏，粮草是个大问题，我们只要在沙漠以北集结精锐部队以逸待劳，那么汉军不攻自破。"单于采纳了赵信的计策。

当卫青发现匈奴人已经摆好阵势、有备而来之后，他下令将战车布置在军营四周，同时派出五千骑兵猛攻匈奴阵营。此时，夕阳西下，一阵阵大风吹得人睁不开眼，卫青果断下令让士兵从左右两侧包抄匈奴人侧翼，而单于见天色已晚，并且汉军实力强盛，他担心自己被汉军包围，于是乘坐一辆骡车，带着几百名骑兵逃向西北方向。

汉军从俘虏口中得知单于已经逃遁，便连忙派出轻骑兵追击，一口气追赶了二百多里，可惜没有生擒单于。汉军一鼓作气，一直打到寘（tián）颜山脚下的赵信城，在那里缴获大批粮食，并在撤退前放火将赵信城化为灰烬。

此次战斗，卫青杀死、俘获匈奴人一万九千名，被汉武帝封为大司马。此后，卫青的地位逐渐被霍去病所取代，到了元封五年（前106年），大将军卫青因病去世，他的长子卫伉继承了长平侯的爵位。

三　封狼居胥

卫青六个同母异父的兄弟姐妹当中有一个姐姐名叫卫少儿，她有一个儿子名叫霍去病，他性格内向，不善言辞，但果敢而有胆识。霍去病小小年纪就非常擅长骑射，汉武帝很喜欢他，让他在自己身边做近臣侍中，还曾想亲自教授霍去病兵法，霍去病却说："战场上的情况瞬息万变，打仗依靠的是分析实际情况，然后抓住有利战机，学习古人的兵法没有什么用处。"

汉武帝曾让人给霍去病修建一所宅院，并在竣工之后请霍去病去看，霍去病却说："匈奴还没有消灭，我怎么能够关心自己的住所呢？"

元朔六年（前123年），霍去病听说舅舅卫青准备率军出征匈奴，便主动提出要和舅舅一同出征，卫青按照皇帝的旨意提拔霍去病为剽姚校尉。霍去病在战场上仗着自己精湛的射术和高强的武艺，独自带领八百名轻骑兵深入匈奴腹地，将疏于戒备的匈奴人打得丢盔卸甲，杀死、俘虏两千零二十八人，被俘的人当中不乏匈奴的相国、当户这样的高官，甚至连单于的叔父都难逃此劫。汉武帝为奖赏霍去病的功劳，封他为冠军侯。

元狩二年（前121年）春天，霍去病被汉武帝提拔为骠骑将军，奉命带领一万骑兵从陇西出发攻打匈奴。霍去病率军一连转战六天，斩杀折兰王和卢胡王，灭掉穿铠甲的士兵，生擒浑邪王的儿子，消灭和俘虏了八千多人。

　　同年夏天，霍去病同合骑侯公孙敖、博望侯张骞、郎中令李广一起领兵征讨匈奴，四路人马当中只有霍去病这一路直抵祁连山，生俘酋涂王在内的大小王、王后、王子、将军、相国等上百人。

　　而其余三路汉军就没有霍去病这样幸运了，遭受匈奴主力包围的李广经过奋力死战，坚持等到张骞的增援。由于他损失较多，所以功过相抵，汉武帝没有追究他的责任。张骞和公孙敖因行军迟缓，延误了期限而被判处斩首，后来他们俩花钱赎罪，降为平民。

　　这年秋天，单于因浑邪王屡次战败而心生不满，打算暗杀掉浑邪王，没想到消息泄露，浑邪王和休屠王密谋归顺汉朝，并派遣使者同汉朝联络。汉武帝知道以后担心匈奴人诈降，于是派霍去病前去打探虚实。当霍去病率军靠近浑邪王的部队时，浑邪王手下的一些将领突然变卦，想带领人马逃走。霍去病立刻领兵冲入浑邪王的军营里，杀了八千多名打算逃走的匈奴人，并让浑邪王先去拜见汉武帝。随后，他们领着浑邪王剩余的几万人马渡过黄河。大喜过望的汉武帝将浑邪王封为漯阴侯，赏赐给他的钱财多达几十亿。

　　第二年，匈奴人攻入右北平、定襄，杀害、掠走一千多名汉朝百姓。

　　元狩四年（前119年）春天，汉武帝派霍去病、卫青、李广、赵食其等人兵分三路攻打匈奴。霍去病带领五万骑兵从代郡出发，横穿沙漠，深入匈奴腹地几千里，打败了匈奴左翼大将并俘虏屯头王和韩王，缴获大量匈奴的辎重物资，兵锋直指北海，共杀死和俘虏匈奴人七万零四百四十三人。最终，霍去病率军登上狼居胥山和姑衍山举行祭拜天地

▲马踏匈奴拓片

▲汉武帝、卫青、霍去病塑像

的仪式。霍去病手下许多将领因为立下战功而被汉武帝封为侯爵。

而其余两路人马依旧不走运，前将军李广和右将军赵食其因迷路而延误了事先约定的会合时间；大将军卫青半路和匈奴的精锐主力遭遇，经过一番激战才击溃敌人。李广因不想受到长史的责罚而拔剑自刎；赵食其被判处死刑，后来经过花钱赎罪，贬为平民。

可惜的是元狩六年（前117年），霍去病因病去世，汉武帝在悲痛之余为他修建陵墓，并让他的儿子霍嬗继承父亲的爵位。

元狩四年以后，汉武帝再也没有攻打过匈奴，一是由于连年征战国库空虚，人民负担加重，国内急需休养生息；二是因为当时汉朝向南面攻打东越和南越，向东攻打朝鲜，向西南攻打羌人，所以没有精力顾及匈奴。

年轻果敢的霍去病犹如一个横空出世的英才，他的军事生涯虽然短暂，却爆发出无比耀眼的光芒。尤其是他在对匈奴的作战中屡战屡胜，如有神助一般，奈何天妒英才，着实令人惋惜。

原典精选

青为侯家人，少时归其父，其父使牧羊。先母之子皆奴畜之^①，不以为兄弟数^②。青尝从入至甘泉居室^③，有一钳徒^④相青曰："贵人也，官至封侯。"青笑曰："人奴之生，得毋^⑤笞骂即足矣，安得封侯事乎！"

——《史记·卫将军骠骑列传》

注释

①奴畜之：把卫青当作奴仆来看待。

②数：数目。

③居室：关押囚犯的监狱。

④钳徒：被铁圈套住脖子的犯人。

⑤毋：通"无"，不、没有。

译文

卫青出生在平阳侯的家里，但是在他少年的时候就被平阳侯逐出家门，让他去找亲生父亲，卫青的生父让他每天去放羊。卫青父亲的其他几个儿子都用对待奴仆的态度来对待他，而不把他当作兄弟来看待。卫青曾经和人一起去过甘泉宫的监狱，有一位关押在那里的囚犯给他相面，并对他说："您是一位贵人，将来能封侯。"卫青听完这番话笑着回答说："我是奴仆所生的孩子，能够不挨别人的打骂就已经很好了，怎么能够去考虑封侯这样的事情呢？"

知识拓展

张骞

张骞，字子文，汉中人，中国历史上著名的外交家和探险家。前139年，张骞奉汉武帝的命令，首次带领一百多人出使西域诸国，在途中被匈奴人俘获，并遭受长达十年的监禁。后来，张骞趁匈奴人松懈麻痹之机，率领手下人马逃出匈奴，先后来到位于中亚和西亚地区的大宛、康居、大月氏、大夏、乌孙、身毒等国，出使前后共历经十三年，回到汉朝后被汉武帝封为博望侯。

前119年，张骞再次出使西域，他不辱使命，凭借外交手段成功地使西域诸国和汉朝建立了友好关系，齐心协力抗击匈奴。后于前115年顺利返回长安。

张骞最大的历史功绩在于对丝绸之路的探索与发现，并打通了汉朝和西域的贸易联系，汉朝的经济繁荣与贸易强盛同张骞出使西域有着很大的关系。

永遇乐·京口北固亭怀古

宋·辛弃疾

千古江山，英雄无觅孙仲谋处。舞榭歌台，风流总被雨打风吹去。斜阳草树，寻常巷陌，人道寄奴曾住。想当年，金戈铁马，气吞万里如虎。

元嘉草草，封狼居胥，赢得仓皇北顾。四十三年，望中犹记，烽火扬州路。可堪回首，佛狸祠下，一片神鸦社鼓。凭谁问：廉颇老矣，尚能饭否？

当时，南宋饱受金人侵袭，南宋爱国诗人辛弃疾调任镇江知府之后，登上北固亭，感叹报国无门，国家山河破碎，生灵涂炭，于是创作此词来排遣心中怅惘之情，作者在词中借用汉代名将霍去病在狼居胥山大破匈奴、举行祭天仪式的历史典故，来讽刺南宋朝廷的昏庸无能，抒发强烈的爱国情愫。